世界一訪れたい日本のつくりかた

新・観光立国論【実践編】

デービッド・アトキンソン

東洋経済新報社

はじめに――観光はもっとも「希望のある産業」である

「街を歩いていると、少し前と比べてとても多くの外国人を目にするようになった」

ここ数年、そういった声をさまざまなところで耳にするようになりました。

この印象は、まったく間違っていません。いまから10年前、２００７年にはおよそ８００万人だった「外国人観光客」は、２０１６年には２４００万人を突破しました。**10年足らずで「3倍」にもなった**のですから、街で多くの外国人を見掛けるようになったのも当然です。

では、日本の観光業は、そのポテンシャルを十分に発揮できていると言えるでしょうか。本書のタイトルにあるように、**「世界一訪れたい国」**になっているでしょうか。

私は、まだまだそんなことはない、と断言します。

2016年の2400万人という数字は通過点にすぎません。安倍政権は2020年に4000万人、2030年に6000万人という目標を立てていますが、私は**「やるべきこと」をやれば、日本は「世界一訪れたい国」となり、この目標も簡単にクリアできる**と考えています。

それだけ多くの外国人が訪れてくれるとなれば、当然ですが国内のさまざまなところでお金を使ってくれます。これまでは日本人だけが相手だった、**観光とは無関係だと考えられてきたさまざまな産業にも、6000万人という「新規顧客」が訪れる**のです。

このチャンスを見逃す手はありません。観光は、元気のない日本経済を活性化できる、最高の手段なのです。

本書では、そのために「日本がやるべきこと」を、私の分析と体験をもとにご紹介させていただきます。

日本は「世界一訪れたい国」になるポテンシャルがある

申し遅れましたが、私はデービッド・アトキンソン。28年前に証券会社のアナリストとして日本に住み始めました。いまでは縁があり、日光東照宮などをはじめとした国宝・重要文化財の補修を行う小西美術工藝社の社長を務めています。

私が「観光」に関心をもったのは、国宝・重要文化財の現実を、嫌と言うほど思い知ったからでした。日本の文化財補修は政府からの補助金で成り立っています。政府の財政が厳しい現実を考えると、このままでは世界に誇る日本の文化財が朽ち果ててしまいかねません。

それを防ぐには**減少する日本人に代わって文化財を訪れる外国人**を増やし、文化財が自ら稼いで、補修の費用をまかなっていくしかない。同時に、文化財を**「保護すべきもの」から「稼げる観光資源」にする**ことで政府の意識を変え、より文化財を大切にさせることができる。

そう思い至った私は、アナリストとしての経験を活かしながら、日本の「観光業」について分析を始めました。

分析をしてみるとすぐに、**日本の観光業にはとてつもないポテンシャルがある**ことがわかってきました。

観光大国になる4条件は**「自然・気候・文化・食」**だと言われています。この4条件を満たす国は世界でも指折り数えるほどしかありませんが、**日本はこの4条件をすべて満たしている稀**

しました。

な国なのです。私は、日本が世界に誇る「観光大国」になれるポテンシャルを持っていると確信しました。

その分析をまとめて2015年6月に上梓した『新・観光立国論』（東洋経済新報社）はおかげさまで6万部を超えるベストセラーとなり、「山本七平賞」という名誉ある賞もいただきました。

この本が認められてなのかどうかはわかりませんが、同年の11月に始まった安倍首相肝入りの「明日の日本を支える観光ビジョン構想会議」をはじめ、「東京の観光振興を考える有識者会議」「国立公園満喫プロジェクト有識者会議」などの公の会議に委員として参加させていただく機会を得ました。

さらに、京都国際観光大使、二条城特別顧問、日光市政策専門委員なども歴任させていただいています。2017年6月からは日本政府観光局の特別顧問にも就任しました。

これらの会議での議論や数々の視察を通じて、前作を執筆していたとき以上に深く、**日本の観光業の可能性と課題**が見えてきました。また、実際に課題解決に取り組む中で、これまでの考えが一部間違っていたという発見もありました。

本書では、これらの知見を余すところなくお伝えしようと思っています。

観光で稼ぐのは「世界の常識」

ほんの少し前まで、日本で「観光業」というと宿泊施設や観光地のお土産屋さん、せいぜい旅行代理店といったイメージしかありませんでした。「観光で稼ぐ国」というと、南の島国のイメージでしょうか。端的に言うと、観光業はどこか「下」に見られていたのです。

しかし、**これは今の世界の常識に反しています。**

世界の観光産業はずっと高い成長率を保ち続け、**2015年にはついに世界のGDP総額の10%を突破**しました。その後も、世界経済の不安材料がたくさんある中で引き続き安定した成長を見せています。

先進各国もこぞって観光業に力を入れた結果、**世界全体ではすでに自動車産業を上回る規模**まで成長しました。**今まで観光と縁がないと思われていた産業も、続々と観光の中に組み込まれる**ようになっています。

日本でも、その兆しが少しずつあらわれています。

たとえば私は頻繁に京都と東京を往復しますので、早朝に京都を発つ新幹線をよく利用します。少し前までグリーン車はがら空きで、ぽつぽつとサラリーマン風の日本人が乗っているだけでした。

しかし最近は、明らかに観光客風のアジア人や欧米人で座席がみっちりと埋まるようになっています。これは、**日本人だけを相手にした電車が、「観光電車」に変わった**ということです。いまはまだ特別な取り組みはなされていませんが、**外国人観光客相手のサービスを工夫すれば、さらに利益を高めることができる**でしょう。

他にも、インバウンド向けに見学ツアーを始めた酒蔵や、外国人向けのお土産を開発した伝統工芸業者、外国語での客対応を強化しているドラッグストアや百貨店、外国人向けのウェブサイト開発が急増しているIT企業、さらには病院まで、**これまで日本人だけを相手にしていた業界が、続々と外国人対応を始めています**。

今後、2030年に6000万人まで増加することを考えれば、いまではまったく関係ないと思われている多くの業界でも、**「観光業化」で収益を高める会社が続々と現れてくる**はずです。「観光業化」こそ、これからの日本のビジネスを考えるうえで重要なテーマなのです。

観光戦略は「アジア」から「全世界」へ

このような可能性に早くから気づいていた第二次安倍政権は、数年前から主にアジアを中心とした「外国人観光客」を呼び込む戦略を取り始めました。これが大成功を収めて、10年前は800万人程度だった外国人観光客が、2016年に2400万人まで急増したのです。

もちろん、ここまでの高い成長力を見せることができたのは、日本の潜在能力に対してベースがきわめて低く、「伸び代」が大きかったからでもありますが、客観的に見れば**「観光立国の基礎ができた」**と言えます。

しかし、アジアから海外旅行に出掛ける人のうち、日本を訪れる人の占めるシェアがかなり大きくなってきたこともあり、アジア中心の戦略が頭打ちとなる領域へ入りつつあります。

そこで必要となってくるのが新しい時代の観光戦略です。**アジア以外の人々にも日本を好きになってもらい、もっとたくさん訪れてもらうフェーズ**に入っているのです。

本書で詳しく説明しますが、アジア以外の地域から観光目的で訪れるのは、お金をたくさん使ってくれる「上客」です。日本の皆さんの収入増加、ひいては日本経済の発展にとって、**「上**

客」の誘致はまさに正念場です。

繰り返しになりますが、日本には**「世界一訪れたい国」になれるポテンシャル**があります。そのポテンシャルを活かし、**世界中の人々に日本を楽しんでもらい、日本を好きになってもらって、喜んでお金を落としてもらう**。これこそ、これからの日本が進むべき道です。

本書を読んでいただければ、**「観光」というものが、これからの日本にとってきわめて有益な産業であり、きわめて多くの人が稼ぐことができる産業であり、その前途が非常に明るい**ものだということがわかっていただけると思います。

さらに、そのために何をすべきか、その**方法論を可能な限り具体的に記載する**よう心がけました。

私がアナリストをしていた時代から長きにわたって、日本は暗い話題ばかりが続いていました。**「希望の産業」である「観光」**が発展することで、明るいニュースがさらに増えることを祈っております。

目次

世界一訪れたい日本のつくりかた

第1章 日本の「実力」は、こんなものじゃない

「大観光時代」を迎える世界と日本の現状

第2章

「どの国から来てもらうか」がいちばん大切

国別の戦略を立てよう

第5章
「誰に・何を・どう伝えるか」をもっと考えよう

第6章 儲けの9割は「ホテル」で決まる

第7章

観光は日本を支える「基幹産業」

あらゆる仕事を「観光業化」しよう

277

第1章

日本の「実力」は、こんなものじゃない

「大観光時代」を迎える世界と日本の現状

日本の観光戦略が新しいフェーズに入りつつあるなかで、それをさらに加速させていくためにはどうすべきか。そして、現時点で浮かび上がった課題を解決していくためにはどうすべきか。それを考えていく前に、まずは世界の観光産業の動向をもう一度、確認したいと思います。

世界の観光産業は大きく伸びている成長産業です。

『新・観光立国論』を執筆していた2015年と比べて、日本の観光産業は大きく変わってきていますが、世界の観光産業も進歩しています。そのような動向をおさえたうえで、日本の観光戦略の方向性を検証すれば、課題の解決策もおのずと見えてきます。

そこで本章では、そもそもの大前提として、世界経済のなかで「観光」という産業がどのような位置づけになっているのかを解説します。それをふまえて、日本の観光戦略が現時点でどのような「実績」を出してきたのか、それは諸外国と比較してどのように評価すべきなのかを考えていきたいと思います。

世界の「観光産業」の現状

では、最初に世界経済における「観光産業」の動きを見ていきましょう。

世界旅行ツーリズム協議会（ＷＴＴＣ）の試算では、**観光産業は全世界のＧＤＰの10％となっており、全世界の雇用の11分の1を生み出しているる**とされています。前著『新・観光立国論』を執筆したときは全世界のＧＤＰの９％台でしたが、今や世界経済の１割を占めるようになっています。

また、観光は外貨を使ってもらう産業ですから、輸出産業とされています。観光を国際サービス貿易ととらえた国連世界観光機関（ＵＮＷＴＯ）の試算では、**観光輸出の総計は1・5兆ドルとなり、世界総輸出の7％を占めています**。

かつて観光産業と言えば途上国、そのなかでも特に南の島の国の産業というイメージがありましたが、それはもはやかなり昔の話で、今は**約170兆円の産業**となっており、先進各国にとってもきわめて重要な産業として位置づけられています。国際的にも注目を集めている成長産業なのです。

以上のことから、世界経済において**「観光産業」はエネルギー、化学製品に次ぐ「第3の基幹産業」**という位置づけになっているという現実が見えてきます。

さらなる「大観光時代」が目の前にあらわれる

そこでまずは、観光産業の成長性を確認しましょう。それを象徴するのが海外旅行をする人の数、つまり「国際観光客数」です。

UNWTOによると、全世界の**「国際観光客数」は1950年の2500万人から右肩上がりで増加しており、2015年には11・9億人**まで増えています。

60年以上も途切れることなく成長を続けてきた過去の実績から、UNWTOは2010〜2030年の年間成長率を3・3%と見込んでおり、**2030年にのべ18億人になる**と予測しています。その進捗はきわめて順調です。

国連は2030年に世界総人口が85億人になるとも予測していますので、これから13年後には、**地球上の5人に1人に相当する国際観光客が海外旅行を楽しむ、「大観光時代」とも言うべき世界**になっているということなのです。

世界的に見ると、「観光」が現時点ですでにエネルギーや化学製品に並び、自動車を上回る「基幹産業」となっているとともに、さらにこれから力強く成長していく**「有望市場」**であるということがご理解いただけたと思います。

次に、世界の国際観光客が主にどこの国から出かけているのかを見ていきましょう。

訪日外国人観光客のことをよくインバウンドと言いますが、海外に旅行する人のことを、アウトバウンドと言います。

図表1-1をご覧ください。**欧州からのアウトバウンドが一番多く5・9億人**。全体の半分を占めます。**その次はアジアで2・9億人**です。北と南を合わせた**アメリカは案外少なく、2・0億人**となっています。

やはり、米国人は長く働いていますし、欧州のような格差社会の緩和策も打っていないために貧困率が高いことが響いているのでしょう。さらにあまり海外に出かけない国民性も影響しているかもしれません。

次に、地域ごとの成長率を見ていきましょう。図

図表1-1　地域別アウトバウンド数（100万人）

	2014年	2015年	成長率（%）	構成比（2015年、%）
欧州	571.7	594.1	3.9	50.1
アジア	271.6	289.5	6.6	24.4
アメリカ	188.8	199.4	5.6	16.8
中東	36.8	36.3	−1.4	3.1
アフリカ	34.4	35.4	2.9	3.0
その他	30.8	31.5	2.3	2.7
総計	1,134.1	1,186.2	4.6	100.0
地域内	872.0	912.7	4.7	76.9
地域外	231.3	242.0	4.6	20.4

出所：UNWTOデータより筆者作成

表１-２をご覧になっていただければ一目瞭然ですが、観光客数で言えば、アジアの伸び率が際立っています。１９８０年から２０１５年まで、世界の国際観光客数が４・３倍に増加したなか、**アジアの増加率は断トツトップで、実に12・2倍も成長しました。**

国連は、２０２０年から２０３０年まで、全世界の国際観光客が33・０%増加すると予測しています。地域別には、**もっとも伸びるアフリカの57・6%に次いで、アジアが50・7%増加する**と予想しています。今後も中国を中心としたアジアの経済発展によって、国際観光客数が激増すると予測されているのです。

欧州は２０１５年には世界のアウトバウ

図表1-2　世界の国際観光客数の推移（100万人）

	1980年	1995年	2010年	2015年	2020年	2030年	2020年から2030年の成長率（%）
欧州 （構成比）	177.3 64.1	304.1 57.6	475.3 50.6	607.7 51.2	620.0 45.6	744.0 41.1	20.0
アジア （構成比）	22.8 8.2	82.0 15.5	204.0 21.7	279.2 23.5	355.0 26.1	535.0 29.6	50.7
アメリカ （構成比）	62.3 22.5	109.0 20.7	149.7 15.9	192.6 16.2	199.0 14.6	248.0 13.7	24.6
中東 （構成比）	7.1 2.6	13.7 2.6	60.9 6.5	53.3 4.5	101.0 7.4	149.0 8.2	47.5
アフリカ （構成比）	7.2 2.6	18.9 3.6	50.3 5.3	53.5 4.5	85.0 6.3	134.0 7.4	57.6
合計	276.7	527.7	940.2	1,186.3	1,360.0	1,809.0	33.0

出所：UNWTOデータより筆者作成

ンドの51・2％を占めていましたが、2020年に45・6％、2030年に41・1％まで構成比が低下します。とはいえ、やはり欧州がもっとも大きなアウトバウンド市場であることに変わりはありません。

日本の観光はここまで伸びた

そのようなアジアの動きと軌を一にして、日本の「観光」も右肩上がりに成長しているということは、もはやみなさんもよくご存じのところでしょう。前年を上回る成長は5年連続ですが、特にここ最近の成長には目を見張るものがあります。

では、日本の実績を見ていきましょう。

2015年に日本を訪れた外国人観光客は1973万7000人。日本政府観光局（JNTO）によると、**2016年は前年比21・8％増の2403万9053人**となっています。

前著『新・観光立国論』を出した時点では、日本政府は訪日観光客の目標値を2020年までに2000万人としていましたが、この成長スピードも受け、「明日の日本を支える観光ビジョン構想会議」で徹底的に議論し、4000万人に上方修正しました。

日本は、**2013年には1000万人強にすぎなかった訪日観光客数をわずか3年で2・4倍**

に跳ね上げたというすばらしい「実績」を出しています。世界の平均成長率を大きく上回る急成長を続けられているのは、日本政府や民間が推進してきた観光戦略の結実であることは間違いありません。

日本にとっては、観光産業はつい最近までほとんど「純国内産業」でした。

たった14年前、２００３年の訪日外国人は５２１万人程度でした。図表１-３にありますように、２００８年まで訪日観光客の伸びは堅調でしたが、２００９年から２０１２年の民主党政権の間、極端な円高や大震災の影響もあり、訪日観光客は８３５万人から８３６万人にまでしか増えませんでした。**この時期は、成長が止まっていた**のです。

図表**1-3**　**訪日外国人観光客数の推移**

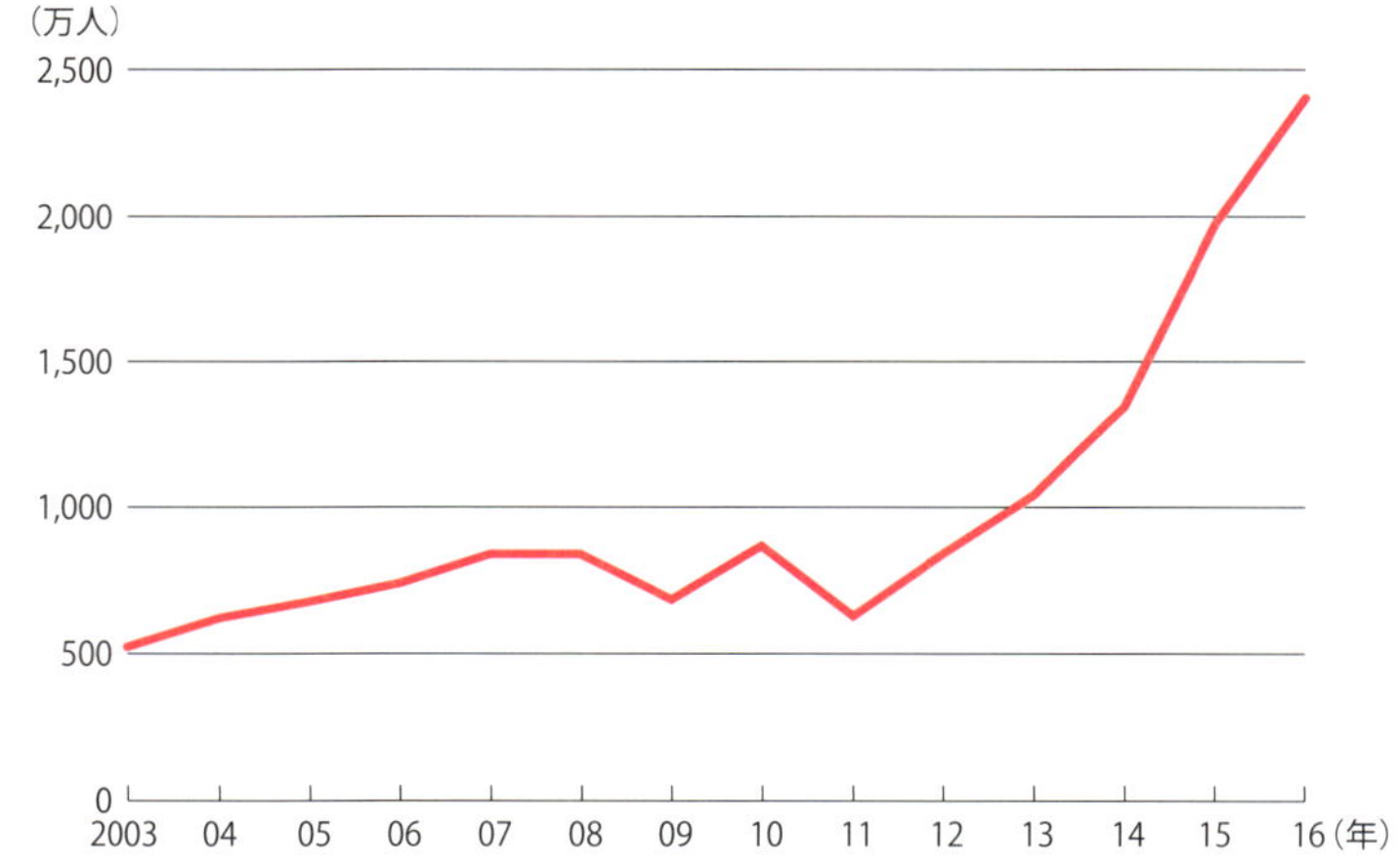

出所：JNTOデータより筆者作成

しかも、2003年の訪日観光客の相当な割合がビジネスマンでした。純粋な観光目的で来日している人は、ほとんど皆無だったのです。

特に、当時はイギリス人とアメリカ人が目立ち、実際に訪日客はこの両国が全体の16・4%と、かなりの比重を占めていました。

なぜイギリス人とアメリカ人が多かったのかというと、日本株への投資のためだったと推測されます。日本株への外資系機関投資家の大半は、イギリスとアメリカにいるからです。**今はアメリカ人とイギリス人が占める割合は、全体の6・4%にまで縮小**しています(図表1-4)。

かつての観光産業は、純国内産業ですので、

図表1-4　各国・各地域の訪日客数の推移と構成比

	2003年(人)	構成比(%)	2016年(人)	構成比(%)	伸び率(%)
アジア	3,511,513	67.4	20,428,224	85.0	481.7
うち韓国	1,459,333	28.0	5,090,302	21.2	248.8
欧州	648,495	12.4	1,422,032	5.9	119.3
うちイギリス	200,543	3.8	292,457	1.2	45.8
アフリカ	19,015	0.4	33,770	0.1	77.6
北アメリカ	798,358	15.3	1,570,400	6.5	96.7
うち米国	655,821	12.6	1,242,702	5.2	89.5
南アメリカ	25,987	0.5	77,985	0.3	200.1
オセアニア	206,994	4.0	505,541	2.1	144.2
その他	1,363	0.0	1,101	0.0	−19.2
合計	5,211,725	100.0	24,039,053	100.0	361.2

出所：JNTOデータより筆者作成

当然、きわめてドメスチックで、日本人の1泊2日程度の団体旅行が中心でした。日本の観光業を客観的に見れば、国際競争力の低い産業でした。

ただ、それは日本の観光業に潜在能力がなかったからではなく、国際社会のなかで競争していくように整備されていなかったからということが大きいでしょう。

事実、先進国において類を見ない戦後日本の人口激増時代において、観光産業は日本人だけで十分潤っていたので、国際競争力を意識する必要がなかったのです。また、観光のインフラ整備も追いついていなかったので、外国人を受け入れる余裕もなかったと思います。

京都に見る評価と実績のギャップ

そんな日本が、第2次安倍政権の誕生以降、国際的な観光産業の成長を大きく上回るほどの成長を見せています。この事実は素晴らしいことだと思っています。

日本は観光大国と呼ばれるフランスに匹敵する潜在能力を秘めているので、**国際競争力を高めるように観光資源を磨いて整備さえすれば、2030年に6000万人の訪日観光客を迎えることも夢ではない**。さまざまな著書や講演でそのことを訴えてきた私からすると、言葉にできない感慨深さがあります。

ただ、だからこそあえて厳しいことを言わせていただくと、今の実績はまだ十分ではありません。本来、**日本の観光がもつ潜在能力をふまえると、まだまだこんなものではない**のです。

それを説明するために、日本を代表する観光都市・京都を例に考えていきましょう。

まずは「評価」です。

京都は、アメリカで発行部数100万部を誇る大手旅行雑誌**「Travel + Leisure」**の世界都市ランキング（The World's Best Cities）で、2014年、2015年と**2年連続で第1位に輝きました**。日本国内でも大きく報じられましたので、耳にしたという方も多いのではないでしょうか。

この世界都市ランキングは読者投票によるもので、「文化・芸術」や「景観」「レストラン」など6つの項目の総合評価で行われています。

ご存じのように、2013年には「和食」がユネスコ無形文化遺産に登録されました。このような背景もあって、日本の伝統文化が色濃く残っている京都が読者の支持を集めたのではないか、と京都市は分析しています。

また、2017年には「ワンダーラスト」という**イギリスの観光雑誌の読者投票でも、京都は世界観光都市ランキング第1位**となりました。

この雑誌はかなりの権威をもっていますし、欧州のアウトバウンド市場は世界の半分を占め、アメリカの3倍くらい大きいことを考えると、アメリカの雑誌より影響力があるように思います。冒険的な旅行が好きな人のための雑誌であるということだけは気になりますが、良い評価だと思います。

京都は「世界第89位の観光都市」にすぎない

そのような話を聞くと、「人気世界一は素晴らしい」と、日本が進めてきた観光戦略がまたひとつ結実したという印象を受けるかもしれません。しかし、ここで重要になってくるのは、**この評価にどこまで意味があるのか**ということです。

欧州やアメリカの旅好きが京都を評価することは、ある意味で当然です。それを日本人のみなさんが誇らしく感じるのもあたりまえですが、果たして**「評価だけでいいのか」**という問題があります。

評価されるのは悪いことではありませんが、その評価が「実績」をともなっているか、つまり**数多くの外国人観光客に京都を訪れてもらい、多くのお金を落としてもらって、京都の観光業者はもちろん、京都の経済が潤っているかどうか**が重要なポイントではないでしょうか。

特に日本は国の借金の対GDP比率が世界一高く、社会福祉や子供の貧困の問題などを抱えています。評価だけでは、これらの社会問題は解決できません。

「日本の潜在能力がフルに発揮されていない」という私のこれまでの主張が京都にもあてはまるのは、さまざまなデータを見れば明らかです。

たとえば、調査機関として世界的に高い評価を受けるユーロモニターインターナショナルが発表した「2015年の外国人宿泊者数　世界トップ100都市ランキング」（図表1-5）では、第1位は香港。前年比3・9％減の2670万人で、7年連続のトップです。第2位は前年比10・0％増のバンコク。第3位は6・8％増のロンドンでした。

この調査は実際に宿泊した観光客数ですので、「評価」ではなく、その都市にお金がいくら落ちたのかという「収入」に直結します。特に**観光予算の約半分が宿泊費と食費**だというデータを考えると、このランキングが大きな意味をもちます。

では、欧米の「海外旅行通」が世界一だと評価した京都は第何位かというと、**2013年にはランクインすらしていませんでした。2014年は第98位にランクイン。2015年には、その順位を第89位まで上げています。**

順位自体は良くなったのですが、**第89位はまだまだだ**と思うのは私だけでしょうか。

順位	都市	2014年	2015年	伸び率（%）
51	チェンマイ	2,658.7	3,722.2	40.0
52	ジャイプール	2,967.6	3,599.7	21.3
53	サンフランシスコ	3,327.5	3,520.5	5.8
54	トロント	3,218.4	3,517.7	9.3
55	大阪	2,246.8	3,417.2	52.1
56	ハノイ	3,000.0	3,300.0	10.0
57	ミュンヘン	3,042.5	3,251.8	6.9
58	プンタカナ	2,922.2	3,200.1	9.5
59	シドニー	3,006.9	3,194.9	6.3
60	ブリュッセル	3,092.0	3,192.5	3.3
61	エディルネ	3,090.9	3,190.4	3.2
62	ムーラ	3,302.7	3,081.5	−6.7
63	珠海	2,913.4	3,079.3	5.7
64	ドーハ	2,826.0	2,930.0	3.7
65	シェムリアップ	2,584.4	2,920.4	13.0
66	リスボン	2,713.8	2,906.5	7.1
67	エルサレム	3,020.4	2,902.6	−3.9
68	カイロ	2,772.0	2,896.7	4.5
69	ブルガス	2,929.1	2,842.8	−2.9
70	サンクトペテルブルク	2,739.4	2,841.0	3.7
71	プラウ・ピナン	2,593.0	2,774.5	7.0
72	ハーロン	2,600.0	2,759.7	6.1
73	ワルシャワ	2,550.0	2,650.0	3.9
74	イラクリオン	2,606.0	2,559.8	−1.8
75	クラクフ	2,500.0	2,520.0	0.8
76	リマ	2,282.6	2,488.3	9.0
77	ホノルル	2,431.5	2,482.6	2.1
78	メキシコシティー	2,588.5	2,468.6	−4.6
79	テルアビブ	2,369.9	2,436.3	2.8
80	ジャカルタ	2,311.4	2,368.9	2.5
81	マラケシュ	2,230.5	2,367.0	6.1
82	バンクーバー	2,175.5	2,338.7	7.5
83	ブエノスアイレス	2,355.5	2,331.9	−1.0
84	メルボルン	2,025.7	2,311.9	14.1
85	ニース	2,204.9	2,266.8	2.8
86	フランクフルト	2,076.4	2,244.0	8.1
87	オークランド	2,029.6	2,217.1	9.2
88	ジェルバ	2,550.0	2,108.3	−17.3
89	京都	1,424.1	2,101.4	47.6
90	コルカタ	1,854.8	2,064.4	11.3
91	サムイ	1,856.2	2,060.3	11.0
92	ソフィア	1,914.1	2,046.8	6.9
93	クラビー	1,825.4	2,044.4	12.0
94	ワシントンD. C.	1,924.0	2,032.5	5.6
95	ヴァルナ	1,884.6	1,999.4	6.1
96	シャルム・エル・シェイク	2,160.6	1,998.5	−7.5
97	台中	1,835.5	1,982.3	8.0
98	済州	1,940.7	1,940.9	0.0
99	マルヌ・ラ・ヴァレ	1,959.4	1,932.0	−1.4
100	ロードス	1,926.7	1,902.1	−1.3

図表1-5　2015年の外国人宿泊者数　世界トップ100都市ランキング（1000人）

順位	都市	2014年	2015年	伸び率（%）
1	香港	27,770.5	26,686.0	−3.9
2	バンコク	17,031.7	18,734.9	10.0
3	ロンドン	17,404.0	18,580.0	6.8
4	シンガポール	16,795.6	16,869.4	0.4
5	パリ	15,058.1	15,023.0	−0.2
6	マカオ	14,566.0	14,308.5	−1.8
7	ドバイ	13,200.0	14,200.0	7.6
8	イスタンブール	11,843.0	12,414.6	4.8
9	ニューヨーク	12,230.0	12,300.0	0.6
10	クアラルンプール	11,629.6	12,153.0	4.5
11	深圳	11,825.9	11,423.8	−3.4
12	アンタルヤ	11,506.4	10,868.7	−5.5
13	ローマ	8,807.0	9,558.7	8.5
14	台北	8,615.0	9,045.8	5.0
15	ソウル	9,389.6	8,826.2	−6.0
16	プーケット	8,115.3	8,821.4	8.7
17	東京	6,243.2	8,456.4	35.4
18	広州	7,833.0	7,958.3	1.6
19	マイアミ	7,260.0	7,604.9	4.8
20	パタヤ	6,427.3	7,487.9	16.5
21	メッカ	6,120.6	7,175.2	17.2
22	プラハ	6,483.0	6,967.4	7.5
23	ミラノ	5,667.0	6,684.0	17.9
24	ラスベガス	6,230.6	6,769.9	8.7
25	バルセロナ	6,256.9	6,612.2	5.7
26	上海	6,396.2	6,536.0	2.2
27	マナマ	6,105.8	6,413.2	5.0
28	デリー	4,698.8	5,939.2	26.4
29	アムステルダム	5,714.1	5,897.0	3.2
30	ムンバイ	4,575.1	5,764.6	26.0
31	ウィーン	5,405.4	5,718.9	5.8
32	ロスアンゼルス	5,272.6	5,552.0	5.3
33	ベネチア	4,950.0	5,490.0	10.9
34	オーランド	4,677.0	4,981.1	6.5
35	ベルリン	4,570.3	4,925.4	7.8
36	フィレンツェ	4,467.0	4,915.0	10.0
37	ヨハネスブルク	4,769.9	4,872.3	2.1
38	ホーチミン	4,400.0	4,700.0	6.8
39	リヤド	4,172.7	4,632.0	11.0
40	マドリード	4,178.3	4,604.5	10.2
41	ダブリン	4,378.5	4,600.5	5.1
42	モスクワ	5,126.3	4,420.1	−13.8
43	チェンナイ	3,857.9	4,243.7	10.0
44	北京	4,274.5	4,197.6	−1.8
45	アグラ	3,264.4	4,185.0	28.2
46	ジョホールバル	3,631.7	4,176.5	15.0
47	アテネ	3,388.3	4,155.7	22.6
48	デンパサール	3,731.7	3,924.0	5.2
49	ブダペスト	3,508.2	3,775.7	7.6
50	カンクン	4,002.5	3,743.3	−6.5

出所：Euromonitorの2015年データより筆者作成

たしかにトップテンを見ると、ニューヨークのような国際都市やロンドン、パリのような首都が多く含まれていたり、マカオやシンガポールのようにIR（カジノを含む統合リゾート）が強かったりします。

しかし、**東京の第17位はあまりに低すぎますし、大阪の第55位も不十分な実績**です。東京や大阪は、その程度の潜在能力しかないのでしょうか。私はもっと上を狙える力があると思っています。

それと同様に、**京都の第89位は私としては大いに不満**を感じます。

イタリアを見れば、首都のローマは第13位、ミラノが第23位、ベネチアが第33位、フィレンツェが第36位にランクインしていますので、京都の第89位という実績は過小としか言いようがありません。ベトナムの都市も第38位、第56位、第72位にランクインしていますので、日本の潜在能力からして、もっと努力すれば伸び代があることは間違いありません。

この問題の原因については、第6章で分析していきます。

「評価より実績」が重要

実は、ある意味で嬉しいことに、「Travel + Leisure」の2016年のランキングでは、京都は第1位から第6位に転落してしまいました。

その理由として「有名な観光スポットが混雑しているから」などと分析されていますが、それは裏を返すと、**この旅行誌のランキングは、あまり観光地化されていない、「海外旅行通」に支持されるような「隠れ家的観光地」**という位置づけだということです。

このような「海外旅行通」だけに評価される都市よりは、香港やバンコク、ロンドンのように、世界で誰もが知る国際観光都市を目指すべきでしょう。

たしかに、このランキングに入った都市を観光収入で見てみると、収入の少ない都市が多いです。

つまり、もっと言ってしまうと、**「Travel + Leisure」の評価というのは、「潜在能力が発揮されていない観光都市ランキング」**と言えるかもしれません。事実、京都以外のトップ10に入った都市を見てみても、そのような要素があることは否めません。

	Travel + Leisure	宿泊者数世界ランキング
第1位	チャールストン（アメリカ）	—
第2位	チェンマイ（タイ）	51位

第3位　サン・ミゲル・デ・アジェンデ（メキシコ）　―
第4位　フィレンツェ（イタリア）　36位
第5位　ルアンパバン（ラオス）　―
第6位　京都（日本）　89位
第7位　ニューオーリンズ（アメリカ）　―
第8位　バルセロナ（スペイン）　25位
第9位　サバンナ（アメリカ）　―
第10位　ケープタウン（南アフリカ）　―

フィレンツェのような歴史的建造物が多い都市もありますし、どの都市もそれぞれ魅力があると思います。

ただ、私としてはこのなかで第1位になることが、本当に京都が目指すべき観光戦略なのかというと、疑問を感じてしまいます。**チャールストンやチェンマイが、京都のライバルでしょうか。**

私としては、イタリアと比較するのであれば、日本は東京（第17位）がローマ（第13位）を大きく上回り、大阪（第55位）がミラノ（第23位）、京都（第89位）がベネチア（第33位）やフィレンツェ（第36位）と肩を並べるほどのポテンシャルを秘めている、と思っています。

日本と比べるべき国として観光戦略の評価があまり高くないイタリアがもっとも適切かという疑問が残りますが、京都を基準として、あえてイタリアと比較しました。これはきわめて低いハードルだと思います。


東京や大阪という大都市は戦争や都市開発の影響で、古い街並みがほとんど残っていません。そんななかで、京都は奇跡的に文化財が多く、古い街並みが一部残っています。現代の日本で、ここまで歴史を感じさせる都市はありません。

残念ながら、街並みは毎日のように京都人によって破壊されており、今や消滅の危機に晒されているというのは、これまで拙著で幾度となく指摘させていただいたとおりです。しかし、それでも特に食、神社仏閣などという面ではなお、観光資源としての価値は絶大です。

イギリスの大英博物館、フランスのルーブル美術館のように、**世界中から観光客が訪れる文化財観光を「都市全体」で行うことができる、世界でも非常に恵まれた条件**を備えています。

このような話をすると、「観光客数だけ増えればいいというものではない。本当に日本を好きな人だけが訪れて価値を感じてくれればいい」と主張される方もいますが、日本の子供の6人に

1人が貧困という状況を考えると、そういうことを言っている余裕があるとは思えません。いますぐに日本の潜在能力を引き出して、お金を稼いでいく必要があるのではないでしょうか。

「稼ぐ力」を磨くことには、さまざまなメリットがあります。たとえば、**国際観光収入がしっかりとれるということは、観光資源整備という「投資」もできるということ**です。

京都で言えば、それは**文化財の保護**につながります。

つまり、「京都には良さをわかってくれる外国人観光客だけが来ればいい」というのは、長い目で見ると、**京都の伝統文化の衰退にもつながってしまう危険な考え方**と言わざるをえません。

「世界トップ10入り」も見えてきた

さて、国際観光客数と国際観光収入のランキングの話が出たので、日本のランキングを見てみましょう（図表1-6）。

図表1-6　日本の観光ランキングの推移

	2010年	2013年	2014年	2015年	2016年（予想）
客数（100万人） ランキング	8.6 29位	10.4 26位	13.4 21位	19.7 16位	24.0 14位
収入（兆円） ランキング	1.6 19位	1.8 19位	2.3 17位	3.0 12位	3.7 10位

出所：UNWTOの2015年データより筆者作成

前著『新・観光立国論』を執筆したときの２０１３年データでは、**観光客数では世界第26位というポジションでしたが、着々とランキングを上げて、２０１５年には第16位**になりました。観光客数が増えたことで、**国際観光収入も第19位から第12位へランクアップし、トップ10入りも見えてきている**状況です。まだ確定値ではありませんが、２０１６年には国際観光収入で第10位にまで上がっている可能性が高いと考えられます。

アジア諸国と比較すると、観光客数では中国が断トツでトップ、そこからタイ、香港、マレーシアと続きます。２０１６年の訪日観光客数が２４００万人を超えたことを考えると、香港やマレーシアを抜かすのは時間の問題でしょう。

あとは収入ベースで中国、タイというアジアのツートップをいかに追い越すかということです。

私は**日本の潜在能力をもってすれば、少なくとも中国と競争するトップ2の座はとれて当然**だと思いますし、「観光大国」を目指していく以上、とらなくてはいけないと思っています。

図表1-7　国際観光収入ランキング（2015年）

		収入（億ドル）
1	アメリカ	2,045
2	中国	1,141
3	スペイン	565
4	フランス	459
5	イギリス	455
6	タイ	446
7	イタリア	394
8	ドイツ	369
9	香港	362
10	マカオ	313
11	トルコ	266
12	日本	250

出所：UNWTOの2015年データより筆者作成

2016年の実績は当然、国際観光収入も上がっていきますので、トルコやマカオを追い抜かし、**トップ10のなかで香港と肩を並べるポジションを獲得できる**でしょう（図表1−7）。

その時点で上を見れば、アメリカ、中国、スペイン、フランス、イギリス、タイ、イタリア、ドイツですので、これによって**名実ともに「観光大国」の仲間入りができる**というわけです。

つまり、日本は観光戦略を推進してきたことで、世界トップ10まであと一歩というところまできているのです。

訪日観光客数の増加は「円安」だけでは説明できない

日本の実績が次第に向上して、潜在能力が発揮されつつありますが、この動きについて正しく理解されていない部分もありますので、次の章に入る前に、日本の観光戦略に対する誤解と懸念を指摘しておきたいと思います。

先述したように、つい最近まで日本の観光産業は国内産業でした。そのため、世界の観光産業の基本的な知識が蓄積されてこなかったという問題があります。

たとえば、『新・観光立国論』では、観光産業の基礎4条件は「自然、気候、文化、食」であり、これが観光立国の決定要因だと指摘させていただきました。

くわえて、この4要素の裏に隠れている重要な言葉があります。

それが**「多様性」**です。

世界の観光客というのは、趣味が多種多様です。ひとつの観光資源に対して一定の観光客がつきますので、**観光資源が多様にあればあるほど、その国に集まる観光客数は増えます。**4つの条件を満たしている**日本の観光は、多様性という大きな武器をもっている**のです。

観光産業をもっとも左右する要因は「自然、気候、文化、食」なのに、最近の日本の訪日観光客数の素晴らしい実績について、**「観光は為替や国際社会の安全を揺るがす無差別テロなどによって大きく影響を受けるので、安定した成長が望ましい『基幹産業』としては不安な要素が多すぎる」**という主張や、**「今の訪日外国人観光客増加は、ただの円安バブルだ」**と指摘する方もいます。

しかし、実は**観光ほどそのような不測の事態に強く、安定成長が期待できる産業はない**のです。

こういった誤解をなくすためにもう一度、世界の観光産業の実態を確認したいと思います。

まず、為替との関係です。今の成長は、観光戦略というよりも、ただ単に「円安」が追い風となったインバウンドバブルだという主張は正しいのでしょうか。

観光産業は為替の影響を一時的にある程度受けることはあっても、極端な為替変動にならないかぎり、その効果は限定的です。事実、通貨高になると、その国が観光客からもらえる現地通貨建てのお金は減るという統計がありますが、観光客数に大きく影響するというデータは確認されていません。

では、「日本の観光客数が増えた主な理由は円安だ」という誤解が広がったのはなぜかを考えたいと思います。

たしかに、2011年9月に1ドル76円だった為替レートが、訪日客数が過去最高を記録した2015年には1ドル120円台まで円安になりました。

図表1-8を見れば、2つの動きに関連性を見

図表**1-8**　**観光客数と為替レート**

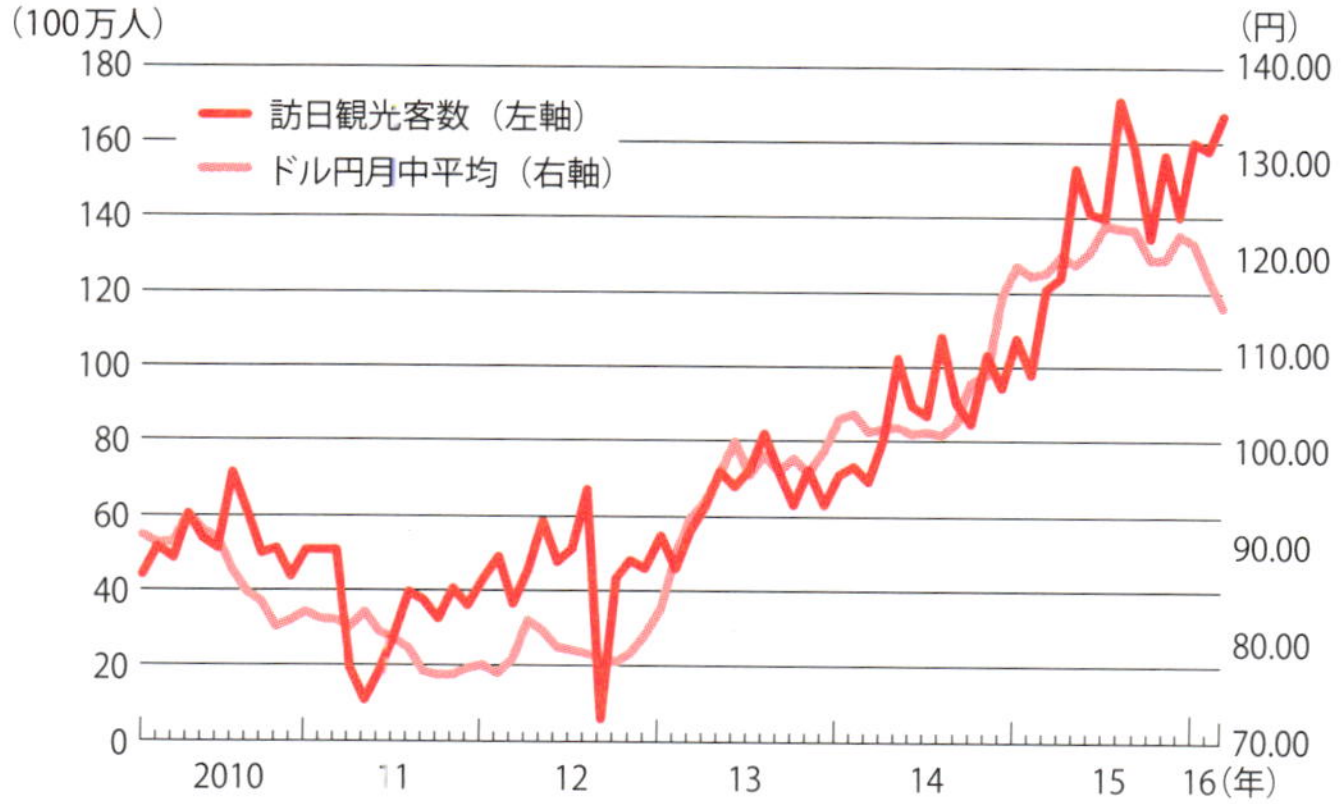

出したいという気持ちはわかります。実際、2011年から2016年までの為替と訪日客数の相関係数は約0・91となっています。

また、日本でインバウンドが増え始めた2012年以降、円高から円安に転じていますので、このターニングポイントに訪日客数の推移をだぶらせると、たしかに両者に強い相関関係があるように見えます。

だからこそ、「円安がつくりだしたバブルなので、円高になると外国人観光客が減ってしまうのでは」という不安が生じるのでしょう。

ただ、これまで30年近くアナリストをしてきた立場で言わせていただくと、この結論にはいくつか大きな問題があります。簡単に言えば、**これは分析ではなく、根拠のない感覚的な「お話」にすぎない**のです。

まずひとつ目は、訪日観光客の増加には、為替以上に大きな影響を与えている要素があるということです。

それは**「ビザの緩和」**です。

2013年、たまたま円安に変わったタイミングで、日本政府は訪日観光客増加に大きな効果が見込まれるタイ、マレーシア、インドネシア、フィリピン、ベトナム、そして2015年には中国からの観光客のビザ発給要件を大幅に緩和しています。

その効果は顕著にあらわれており、これらの国からの観光客が目に見えて急増しました。

つまり、**訪日客数増加には、このビザ緩和が大きなパラダイムシフトとなっている**のです。そのタイミングは偶然、円安に転じたタイミングと重なりました。

このように、明らかに訪日観光客数の構造変化をもたらす大きな変化があったにもかかわらず、それを考慮せずに為替との連動だけで因果関係があると結論づけるのは、かなり恣意的な分析と言わざるをえません。

2つ目の問題は、**「データの期間が短すぎ、動向が一致しすぎている」**ということです。

たしかに、近年の為替と訪日観光客数の動向を見ると、両者には相関関係があるように見えます。

ただ、その期間だけを見ると、為替も観光客数も「右肩上がりの一本調子」になっているのが問題です。**統計上、2つのデータシリーズがまったく同じ一本調子の動きをする場合、そこに因果関係を認めるのはきわめて危険**です。

もし為替と訪日観光客の間に相関関係があって、現在は1ドルが115円になったから訪日観光客が2400万人になったというならば、**もっと昔の実績の少なさを説明する必要がありま**

す。

1990年は1ドル＝140円前後で、現在の1ドル＝110円前後と比べてはるかに円安でした。しかし、1990年代の訪日観光客は300万～400万人程度です。

世界の観光市場が大幅に成長してきたことも無視して、近年の観光客数増加の理由を円安だけに求めるのであれば、**これほど円安だった1990年代に、訪日客がそれほど来ていなかったという事実と矛盾**します。

都合よく最近のデータだけをとって観光客と為替の動向を分析するのではなく、もっと長いデータのトレンドを見ると、やはりその相関関係は弱くなります（図表1－9）。2003年から2016年までの相関係数は0・31まで低下しますし、直近の2年間は相関関係が認められません。

図表**1–9**　為替相場と訪日客数の相関係数表

年	同月	1カ月調整	2カ月調整
2015―2016	－0.396	－0.203	0.146
2014―2016	0.673	0.780	0.848
2013―2016	0.829	0.879	0.904
2012―2016	0.859	0.893	0.913
2011―2016	0.889	0.911	0.924
2010―2016	0.890	0.912	0.923
2007―2016	0.630	0.630	0.617
2005―2016	0.447	0.454	0.449
2003―2016	0.305	0.313	0.311

もちろん、為替は訪日観光客数にまったく影響しないと申し上げているわけではありません。しかし、**円安の影響だけでこの3年の大きな成長を説明するのは、やはりどう考えても無理があります**。

為替の追い風もあったかもしれませんが、先ほど申し上げたような日本政府の観光戦略のパラダイムシフトも、中国の経済発展もありました。

民間や自治体も、外国人観光客を積極的に受け入れるという意識が少しずつですが芽生えており、さまざまな取り組みを行っています。

このような大きな変化が背景にあるにもかかわらず、単に円安の右肩上がりと訪日客数の右肩上がりを重ねて、「外国人観光客が増えた唯一の理由は円安だ」と結論づけてしまうのは、かなり乱暴な分析と言えましょう。

事実、UNWTOによりますと、2015年の世界の観光収入は、ドルベースで見るとバラつきはありますが、現地通貨建てで見ると4・4％増加しました。2015年には為替市場がかなり荒れたのですが、**観光客数と現地通貨建ての観光収入には、大きな影響を与えなかった**のです。

観光業は、国際情勢の影響をそれほど受けない

これまでの国際観光市場は、**国際情勢などの不測の事態の影響を受けることがあっても、それは短期的な影響に終わり、すぐに回復して力強い成長を続けてきました。**たとえば、2009年に世界的な金融危機に見舞われた際も、翌年にはすぐに回復し、右肩上がりの成長を見せています。

意外に思うかもしれませんが、**国際観光市場の成長力はかなり強く、外部要因の影響があっても、それほどブレません。**

たとえば、先述したように、2015年は激しい為替変動や石油価格の下落、さらにはフランスなど欧州で多くの一般市民が標的となるテロが多発し、観光産業も大きな打撃を受けたとされる1年でした。しかし**世界の国際観光客数は前年よりも4・6%増加し、過去最高の11・9億人**となっています。

タイを見ても、2014年には軍がクーデターを起こすなど大きな内政の問題があったものの、その年の訪タイ国際観光客は6・5%の減少にとどまっていますし、**次の年にはテロがあったにもかかわらず、国際観光客数は20・4%も増加**しています。

アメリカ・ニューヨークも、9・11テロのあと、さまざまな規制強化の影響もあり、一四半期の実績は大きく下がりましたが、**翌年からは国際観光客数は純増**となっています。

逆に、日本は治安が良いにもかかわらず、長年にわたって国際観光客は大きくは増えませんでした。観光は、治安だけでは決まらないのです。

以上から考えると、2015年にほぼ2000万人を達成し、2016年には2500万人にあと少しまできたという日本の「実績」は、「円安」などの追い風はあったものの、**やはり素直に日本の観光戦略が着実に成果をあげてきたと見るべき**なのです。

データで見た日本の観光産業の可能性と課題

たしかに、政府や自治体、民間の方たちの熱気も変わってきました。社会ムードも訪日観光客が1000万人程度だった時代から大きく変わってきました。観光戦略を進めていこうという意志が強く感じられます。観光産業への無関心や無理解は、徐々に解消されつつあるように感じます。

ただ、その一方で、ここまでの「実績」が出たことで、**あらためて観光戦略を次のフェーズに展開していく時期**に差しかかっていると強く感じています。

これまで日本には、数百万人という、他の観光先進国と比較するとかなり少ない国際観光客しか来ていませんでしたので、少し整備を進めるだけで面白いように大きな成果が出ました。しかし、それはベースが低いからできたことでもあります。

2400万人までくると基礎ができてきていますので、これからの成長はそう簡単なものではありません。ある意味で、**世界の名だたる観光大国らと本格的な国際競争をしていくフェーズに差しかかっている**のです。

私はもともと経済アナリストでしたから、ものごとを分析する際には、データで確認するという習慣が自然と身についています。ですから、やはり観光戦略も、データによる根拠を検証したうえで実行すべきだと考えています。

当然、すべてのデータが正しいとはかぎりませんが、勝手な推測に基づいた感覚的な戦略を実行するよりは、はるかに確実性が増すはずです。昔と違ってたくさんのデータがとれるようになったこの時代にふさわしいやり方だとも思います。

それでは、日本のインバウンド戦略のこれまでの発展の秘訣を、データで確認していきましょう。

2年に1度、World Economic Forum（WEF）が世界の旅行・観光国際競争力の分析を発表しています。最新の分析は、2017年4月に発表されたばかりです。図表1-10をご覧ください。

日本の国際競争力は世界第4位まで上がっており、**2年前と比べて世界一改善している国**だと評価されました。実は2009年の分析では、日本は世界第25位でした。2011年に第22位、2013年に第14位、2015年に第9位となり、2017年はついに第4位まで上がりました。このデータは、今まで見てきた実績とほぼ一致します。

このランキングは客観的なデータ分析をベースにしつつ、それが難しい場合、企業役員などへのサーベイでデータをとっており、さまざまな分野で国際的に評価されているものです。

図表**1-10**　World Economic Forumの国際競争力ランキング

	観光客数	観光収入	総合ランク
スペイン	3	3	1
フランス	1	4	2
ドイツ	7	8	3
日本	16	12	4
イギリス	8	5	5
アメリカ	2	1	6
オーストラリア	42	11	7
イタリア	5	7	8
タイ	11	6	34
中国	4	2	15

出所：World Economic Forum、UNWTOの2017年データより筆者作成

憶測ではなくデータに基づいて、いかなる改善が成長につながったのか、本当の理由を見るべきでしょう。

成長要因をデータで確認する

では、このデータをもとに、過去数年で日本のどの分野が改善しているのかを確認していきましょう（図表1－11）。

まずわかりやすいのは**ICT対応、すなわち情報通信技術への対応**です。

2011年時点では世界第28位でしたが、**2017年には第10位まで改善**しました。**WiFi**が使えないなどの問題が改善されていることも響いています。しかし、このランキングの中で一番改善しているのは、**「国際的開放度」**です。

要するに、迎え入れる姿勢、観光してもらいたいという姿勢を数値化したものですが、この数値には「観光ビザの取得が容易かどうか」が大きく影響します。日本がビザの条件を緩和したことが大いに貢献していることがわかります。

また、政府として観光政策の優先度を高めたことも、この「国際的開放度」の改善につながっています。2016年に新しい政府目標を設定した「明日の日本を支える観光ビジョン構想会議」などによって、**観光政策の優先度ランキングは2011年の世界第50位から、2017年には第18位にまで改善**しました。

他にも、観光インフラのランキングは世界第48位から第29位まで改善していますし、文化資源と自然資源のランキングも上がっています。

「ここが日本の観光業のボトルネックだ」

このレポートからは、改善の余地がどこにあるかも読み取れます。実は、このレポートは本書の原稿がほぼできあがっ

旅行・観光に関する政策と可能にする諸条件			インフラ			自然・文化資源	
国際的開放度	価格競争力	環境の持続可能性	航空交通のインフラ	陸上交通と港湾のインフラ	観光のインフラ	自然資源	文化資源とビジネス旅行
43	98	31	9	15	2	9	2
19	118	17	13	7	17	13	3
18	115	7	12	5	9	35	6
10	94	45	18	10	29	26	4
20	135	24	8	11	7	16	7
38	106	115	2	26	3	10	13
2	128	38	4	53	8	6	11
29	124	37	23	22	11	12	5
52	18	122	20	72	16	7	37
72	38	132	24	44	92	5	1
16	119	53	19	17	75	30	6
131	137	52	22	6	48	36	12
121	43	7	4	−4	19	10	8

たタイミングで発表されました。手前味噌ですが、レポートと原稿を照らし合わせてみたところ、この本でこれから改善すべきだと指摘する点を、綺麗にデータとしてあらわしてくれています。

データによると、**日本の観光産業の改善ポイントは「航空交通インフラ（第18位）」「観光インフラ（第29位）」「自然資源（第26位）」**です（図表1-11）。

図表1-11にある14項目のランキングごとに、さらに細かい指標があります。第2章以降でご紹介していきますが、結論から言うと、このいくつかの項目のなかで一番ランキングを下げている要因が、さまざまな観光インフラの質です。

図表**1-11**　国際競争力を決める諸条件

	可能とする環境					
	ビジネス環境	安全とセキュリティ	健康と衛生	人的資源と労働市場	情報通信技術への対応	旅行・観光の優先度
スペイン	75	18	24	34	29	5
フランス	46	67	14	28	20	27
ドイツ	18	51	1	7	21	52
日本	20	26	17	20	10	18
イギリス	4	78	49	12	7	38
アメリカ	16	84	56	13	19	20
オーストラリア	31	22	32	29	18	32
イタリア	121	70	30	67	37	75
タイ	45	118	90	40	58	34
中国	92	95	67	25	64	50
2015	27	22	13	15	9	20
2011	51	19	22	22	28	50
ランクの改善 2017–2011	31	–7	5	2	18	32

出所：World Economic Forumの2017年データより筆者作成

日本の観光インフラは、まだまだ整備が不十分です。このレポートは、アクティビティ・ホテル・解説・座る場所などのレベルアップが必要なことを示唆しています。特に地方におけるレンタカーの整備（第85位）を進め、インフラの質（第35位）を改善させるべきでしょう。

この視点から、他言語対応については第5章で、ホテル整備については第6章でとりあげます。

ホテルの宿泊料の安さは特に問題です。価格競争力のランキングは第94位。他の先進国と比べると高い順位ですが、この項目で上位に入る国は、ほとんどが発展途上国です。**「価格競争力が高い」という評価は、先進国としてはむしろマイナス評価**なのです。

また、航空交通インフラの問題点は、フライトの数が少なく（第44位）、空港の密度も低い（第97位）ことです。国立公園をとりあげる第4章で、この問題にも触れていきます。運賃が高いことと現地のインフラの質が悪いことが相まって、需給のミスマッチが発生していることを指摘します。

そして、きわめて重要なのが自然資源の改善です。

文化資源は、質をさらに高める必要はあるものの、世界的な評価は第4位と悪くはありません。しかし、自然資源はそうはいきません。

日本は素晴らしい自然資源を有しているのにもかかわらず、その評価は世界第26位。潜在能力と比べて明らかに低すぎるのです。タイ、スペイン、オーストラリア、イギリスよりかなり低いのですが、このような評価に甘んじていてはいけません。

この低い評価にもっとも効いているのが、「質（第66位）」が低く評価されていることと「検索（第20位）」が少ないことです。

私がかねてから指摘しているように、**日本は文化観光に頼りすぎて、より客層が広い国立公園などの自然観光を十分に整備しておらず、観光客向けの情報発信も不十分**でした。こちらについては、第4章でとりあげていきます。

このレポートからは、**観光政策のなかで、特にマーケティングとブランディングが弱い（第42位）**ことも浮かび上がります。私はかねてからJNTOを中心としたマーケティング機能の強化が急務であると考えてきましたが、これも綺麗にデータであらわれています。これに関しては第7章でとりあげます。

世界と日本の現状がよくわかっていただけたと思います。

そこで次章からは、この現状をふまえたうえでさらに観光客数と観光収入を上げていくため、先ほど触れた観光戦略の精度を高めていく方法を考えていきたいと思います。

第1章
日本の「実力」は、こんなものじゃない

ポイント①

18億人、世界の5人に1人が国際観光を楽しむ時代になる

ポイント②

日本の「評価」は高い。総合ランクは世界第4位！

ポイント③

観光は、為替や国際情勢の影響はそれほど受けない

アトキンソンの提言　日本がやるべきこと

評価より「実績」を見て、潜在能力をフルに活かそう

第2章

「どの国から来てもらうか」がいちばん大切

国別の戦略を立てよう

世界トップ5に入るような「観光大国」を目指していくにあたって、日本の観光戦略のどこを強化すべきか。それを考えていくと、まっさきに**「インバウンド観光客の国籍の多様性」**が挙げられます。

世界中から満遍なく観光客に訪れてもらって初めて、観光大国という目標は実現できます。政府が設定した2020年に4000万人、2030年に6000万人という目標も、その戦略を前提にしていると思います。

これは前著『新・観光立国論』でも述べてきたことですが、一口に「外国人観光客」と言っても、中国からの観光客もいれば東南アジアからの観光客もいますし、アメリカやヨーロッパからの観光客もいます。

また、短期滞在の観光客もいれば、長期滞在をする人もいます。みなさんが旅先でとる行動が、同じ人物なのに近場の国に行った場合と遠い国に行った場合は必ずしも同じではないように、これらさまざまな地域からやってきた観光客にも、さまざまな嗜好や行動パターンがあります。

さらに、日本の観光戦略は2030年に6000万人という訪日外国人観光客数の目標だけではなく、観光収入の目標も設定されており、こちらは2030年に15兆円を目指しています。1

人あたりに直すと25万円となり、これは2016年の実績の約1・6倍です。

この目標を実現するには、おのずと**長期滞在をして、日本にたくさんお金を落としてくれる「上客」とも言うべき外国人観光客をより多く誘致しなければなりません**ので、そのようなターゲットへ向けた賢い誘致戦略も必要となります。

言うまでもなく、上客は付加価値がもっとも高いため、世界各国が必死に誘致しています。もっとも競争の厳しい市場と言えるのです。

そこで、この第2章は、世界のそれぞれの地域へ向けた観光戦略の現在の進捗と、日本の誘致戦略を探っていきます。

訪日観光客の約半分は中国人と韓国人

まず、現状から見ていきましょう。

訪日外国人観光客数が順調に増えていることからもわかるように、数年前とは比較できないほど、政府や自治体は外国人観光客の誘致に力を入れるようになっています。実際、**2003年には訪日外国人観光客は521万人でしたが、2016年には2404万人まで増加しました**

（図表2－1）。

一方、その誘致策は、「春節」の時期に訪日する中国人ツアー客や韓国からの観光客という「近隣諸国」を対象としたものがメインであるという現実があります。

図表2－2にありますように、**訪日観光客の85・0%をアジアが占めており、中国は全体の26・5%で、韓国は全体の21・2%**となっています。**この2カ国だけで47・7%**を占めているのです。

私からすると、この結果は「手をつけやすい同一地域内をターゲットとした観光戦略からスタートして、実績を上げている」という印象です。事実、図表2－3にあり

図表**2–1**　訪日外国人観光客数の推移

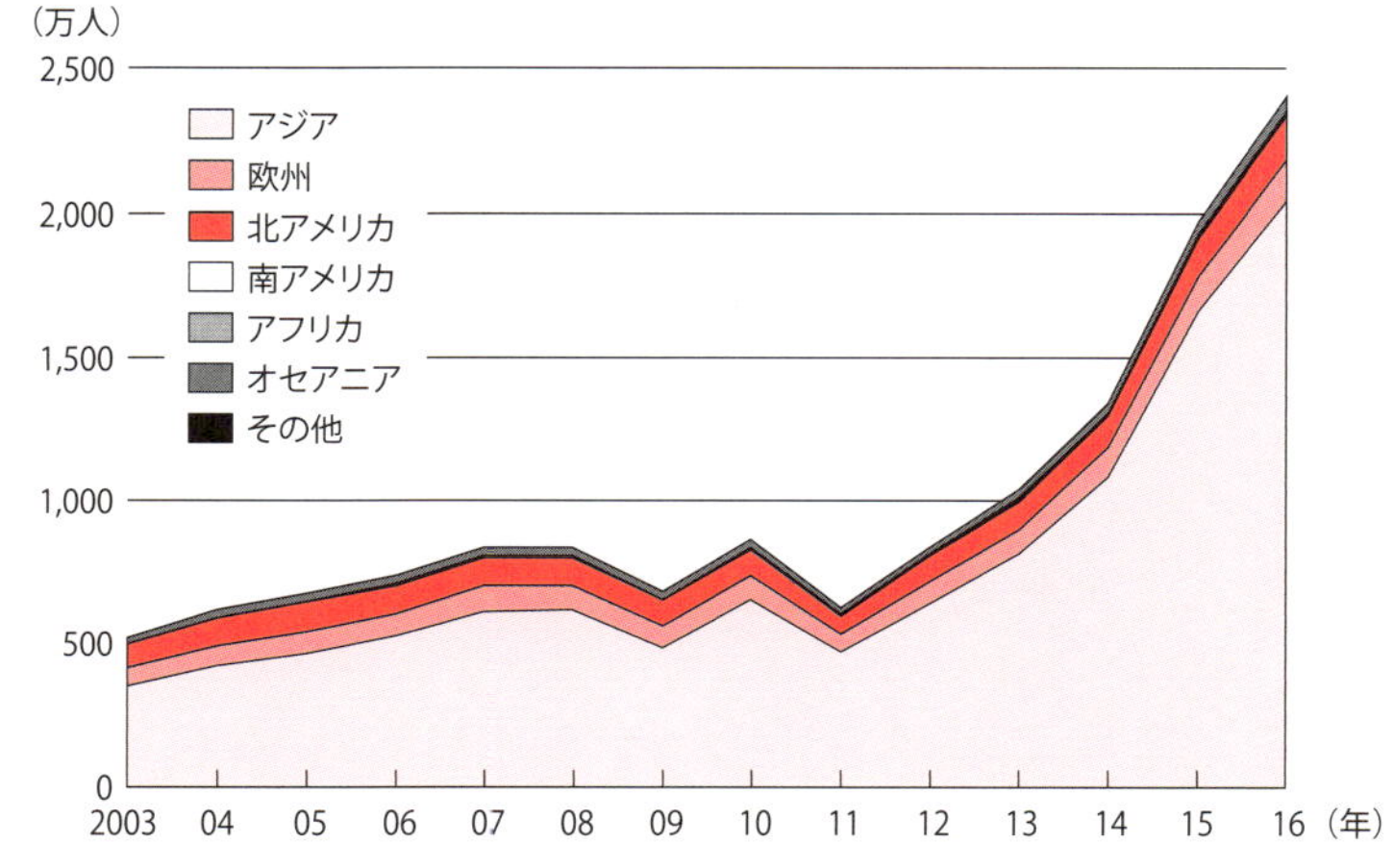

出所：JNTOデータより筆者作成

図表**2–2**　地域別訪日外国人観光客数（2016年）

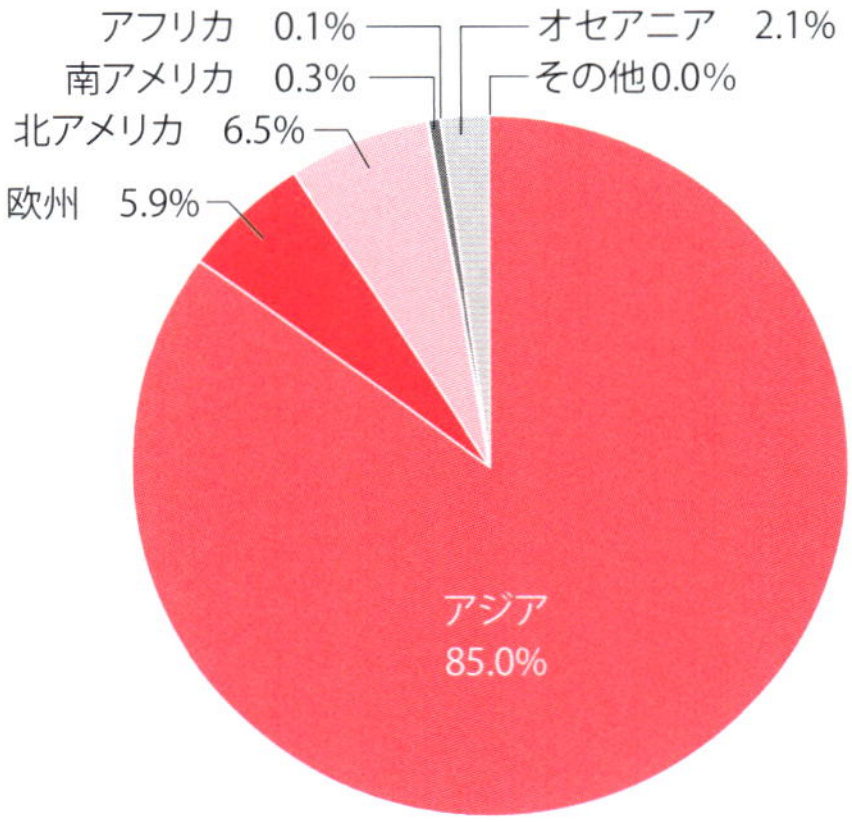

出所：JNTOデータより筆者作成

図表**2–3**　地域別訪日外国人観光客増加割合（2003〜2016年）

	2003年	2016年	増加分	増加分の構成比（%）
アジア	3,511,513	20,428,224	16,916,711	89.9
欧州	648,495	1,422,032	773,537	4.1
北アメリカ	798,358	1,570,400	772,042	4.1
南アメリカ	25,987	77,985	51,998	0.3
アフリカ	19,015	33,770	14,755	0.1
オセアニア	206,994	505,541	298,547	1.6
その他	1,363	1,101	(262)	(0.0)
	5,211,725	24,039,053	18,827,328	100.0

出所：JNTOデータより筆者作成

ますように、**2003年から2016年までに増加した外国人観光客のうち、アジア人が89・9%**を占めています。

これは、戦略として間違ってはいません。

近隣諸国の観光客は誘致しやすいうえ、短期滞在でリピートしやすい傾向にありますので、観光地に求める満足度は、遠くの国から訪れる観光客と比較して相対的に低い傾向にあります。

つまり、**観光立国を目指すスタート時には、もっとも適している**のです。

日本には大きな「地の利」がある

では、6000万人という目標を達成するためには、いったいどれほど、日本の潜在能力を引き出さなくてはいけないのでしょうか。ターゲットとなる地域別に、数字を見ていきましょう。

地域別に観光戦略を立案していくうえで重要なことは、当然ですが世界のマーケット規模を把握することです。

観光というものは、どれほど素晴らしい観光資源をもっていても、どれほど高度な観光戦略を立案しても、「客」が訪れてくれないと成立しません。そこで重要になってくるのが、**今現在来**

てもらっているインバウンドのデータ分析だけではなく、各国のアウトバンドという潜在市場のデータ分析です。まだ日本に来ていない人々がどれだけ観光というものにお金をつぎ込んでいるかが、きわめて大切なポイントになってくるからです。

図表2-4をご覧ください。これはUNWTOのデータをもとにしています。2015年、国際観光客は11億8620万人でした。そのなかで、**欧州発の観光客が5億**

図表**2-4**　**出発地域別観光客数（100万人）**

	1990年	1995年	2000年	2005年	2010年	2015年
欧州	250.7	304	390.3	452.3	497.0	594.1
構成比（%）	57.7	57.7	57.9	55.9	52.3	50.1
アジア	58.7	86.3	114.1	152.8	205.9	289.5
構成比（%）	13.5	16.4	16.9	18.9	21.7	24.4
アメリカ	99.3	108.1	130.6	136.5	156.0	199.4
構成比（%）	22.8	20.5	19.4	16.9	16.4	16.8
中東	8.2	8.5	12.8	21.4	33.3	36.3
構成比（%）	1.9	1.6	1.9	2.6	3.5	3.1
アフリカ	9.8	11.5	14.9	19.3	28.3	35.4
構成比（%）	2.3	2.2	2.2	2.4	3.0	3.0
その他	7.9	8.6	11.1	26.7	29.8	31.5
構成比（%）	1.8	1.6	1.6	3.3	3.1	2.7
世界	434.6	527	673.8	809	950.3	1186.2
構成比（%）	100.0	100.0	100.0	100.0	100.0	100.0
同一地域	349.1	423.1	532.9	632.3	728.9	912.7
構成比（%）	80.3	80.3	79.1	78.2	76.7	76.9
地域外	77.6	95.3	129.8	149.9	191.5	242
構成比（%）	17.9	18.1	19.3	18.5	20.2	20.4

出所：UNWTOデータより筆者作成

9410万人で一番多く、世界の観光客の50・1%を占めています。日本でも最近は「欧米豪のマーケットが重要だ」という意識が高まっていますが、特に、**世界の観光市場に占める欧州のマーケットの重要性**をさらに認識する必要があります。

アジアは2億8950万人ですが、これからはアジアの伸び率が一番高いので、次第に欧州の観光客が国際観光客に占める比率が下がると予想されています。とはいえ、それでもひとつの市場として欧州がもっとも大きな市場であることは変わりありません。

まず、この図表からわかるのは、**日本にはかなり「地の利」がある**ということです。

一般的に国際観光客というのは、**遠い国へ旅行したときには、隣国へ旅行したときよりも、より多くのお金を落とす**傾向があります。これはみなさんも思い当たるふしがあると思いますが、週末に気軽に行けるような隣国への旅行よりも、夏休みや正月休みを使って行く遠い国への旅行のほうが、ホテルや観光により多くのお金を費やすのではないでしょうか。

データで見ると、**オーストラリアのアウトバウンド観光客は、1人あたり観光予算が世界一多い**ことがわかります。

それは、オーストラリアの近くにはニュージーランドくらいしかなく、海外旅行というと遠方の国しか選択肢がないからです。遠い国まで移動するわけですから、交通費もそれに費やす時間も、よその地域よりもかかりますので、当然、長く滞在します。滞在時間が長くなれば、それだけ宿泊や食事にお金を落とすというわけです。

さらに言うと、遠方の国に行くにはそれだけお金がかかりますので、海外旅行をするのは相対的に高所得層が多くなります。その分、受け入れ国のメリットはさらに大きくなるのです。

それと同じ視点で欧州を見ると、**フランスに旅する人が使う予算が少ない**理由も見えてきます。

フランスを訪れるのは、欧州内の観光客が多くを占めます。陸路で手軽に訪れることができますので、短期滞在が多くなります。そうなると、おのずと観光予算も限られてくるというわけです。つまり、**日本にとっては「上客」である欧州からの観光客は、フランスにとっては「上客」ではない**のです。

欧州やアメリカという、ただでさえ観光にお金を使う傾向がある人々が「遠方」にいるというのは、日本にとって非常に大きなプラスと言えましょう。特に世界一大きな観光市場である欧州が日本から遠いというのは非常に有利です。

それにくわえて、同一地域内のアジアからのアウトバウンドも、今後の伸び率が相対的にかなり高いわけですから、**日本というのは「遠方からの上客」と「成長率がもっとも高い近場からの多数の客」を同時に取り込むことができる**、絶好のロケーションと言えるのです。

日本の潜在市場は4億1100万人

ではこの予測をベースにして、日本の潜在市場を試算してみましょう。

一般論として、**アウトバウンド観光客の8割が地域内観光を行い、2割が遠方を訪れます**。ですから、国際観光客数のなかで、**アジアの8割、それ以外の地域の2割が、日本の「潜在市場」**ということになります（図表2-5）。

実際に、2015年のデータをもとに、日本の「潜在市場」を計算してみましょう。

アジアからのアウトバウンド実績である2億8950万人に8割をかけると2億3160万人。欧州からのアウトバウンド実績である5億9410万人に2割をかけると1億1882万人。

その他の地域にも同様の計算を行い、それらを**すべて足し合わせた4億1090万人が、2015年の日本の潜在市場**です。

潜在市場におけるアジアの構成比が56・4%でトップ。欧州が28・9%と2番目に大きく、アメリカは9・7%となります。これが、日本の理想的なインバウンドの比率だと考えられます。

実は、アメリカをはじめとした複数の国のデータを見てみると、大まかな傾向として、**同一地域内からのインバウンドは全体の55%、遠方からのインバウンド(=上客)は45%**という比率になっています。日本の潜在能力を試算しても、ほぼ同じ傾向が見られます。

潜在市場のうち、1年に訪れる観光客はおよそ1割と仮定して、これを観光客数に換算すると、**アジア地域からの訪日観光客は2020年で約2945万人、2030年で約4438万人**となります。

図表**2-5**　地域別アウトバウンドの推移予想と日本の潜在市場

	2015年実績(100万人)	潜在市場(100万人)	構成比(%)	2020年予想(100万人)	潜在市場(100万人)	構成比(%)	2030年予想(100万人)	潜在市場(100万人)	構成比(%)
欧州	594.1	118.8	28.9	606.1	121.2	24.6	727.3	145.5	20.9
アジア	289.5	231.6	56.4	368.1	294.5	59.7	554.7	443.8	63.9
アメリカ	199.4	39.9	9.7	206.0	41.2	8.4	256.8	51.4	7.4
中東	36.3	7.3	1.8	68.8	13.8	2.8	101.5	20.3	2.9
アフリカ	35.4	7.1	1.7	56.2	11.2	2.3	88.7	17.7	2.6
その他	31.5	6.3	1.5	54.7	10.9	2.2	80.0	16.0	2.3
世界	1186.2	410.9	100.0	1,360.0	492.9	100.0	1,809.0	694.6	100.0

出所：UNWTO資料より筆者作成

一方、注目すべきは欧州からの訪日観光客です。**2020年に約1212万、2030年には約1455万人と、かなりのウェイトを占める**のです。2020年段階での比率は、アジアからが59・7%、欧州からが24・6%となっています。

ここから導き出されるのは、日本が観光市場としてもっとも潜在能力が引き出されているアジアからが約6割、欧州からが約2割強というのが理想的な比率だということです。

実は、すでに国内に成功例ができつつあります。図表2-6は岐阜県高山市の外国人宿泊数を示したものですが、これを見ると欧州からの実績が徐々に上がっていることがわかります。

2030年は、アジアのマーケットの拡大によって、次第に遠いところからの比重が低下することが予想されますが、それでも欧州は無視できない市場です。

図表2-6　岐阜県高山市の外国人宿泊数（人、%）

	2014年	構成比	2015年	構成比	2016年	構成比
アジア	163,478	58.3	202,794	55.6	274,139	59.4
欧州	52,709	18.8	70,232	19.3	90,135	19.5
北米	18,962	6.8	21,771	6.0	26,119	5.7
オセアニア	16,221	5.8	18,342	5.0	25,282	5.5
その他	9,146	3.3	12,980	3.6	15,792	3.4
不詳	19,806	7.1	38,352	10.5	29,786	6.5
合計	280,322	100.0	364,471	100.0	461,253	100.0

出所：岐阜県高山市

欧州からのインバウンドが一番の伸び代

では、それをふまえて現状の誘致実績を見てみましょう。

観光庁のデータでは、２０１６年の２４０４万人という訪日観光客のうち、**アジアからは2043万人で85・0%を占めています。一方、欧州からは142万人で、5・9%**しかありません。

アジアに関する実績が潜在能力へ肉薄しつつある一方で、欧州からの観光客はかなり少ないのです。それはつまり、**欧州には非常に大きな可能性がある**ということです。

このように、日本のインバウンドは「同一地域」であるアジアが最大ですが、地域外からの比重を高めることで、より儲かる仕組みをつくることができます。それは、フランスを見ればわかります。

欧州という巨大市場の王者として、**世界断トツトップの観光客数を誇っているフランスは、実は観光収入では世界第4位の地位に甘んじています。**

それは**地域内からの短期滞在のインバウンドが多く、1人あたりが落とす金額が少ない**からです。今の日本の観光戦略はどちらかと言うとフランス型に近いのですが、私はフランス型より、日本の潜在力と地理的な特性を活かして、**さまざまな地域から満遍なく誘致する戦略のほうが良い**と考えます。

ちなみに、欧州の国々は、同一地域内からのインバウンド比率が高いという傾向があります。たとえば、イギリスはインバウンドの75％を同一地域内が占めています。これは世界最大の市場である欧州が「同一地域」で、その8割が潜在的な市場となっているからです。

潜在能力と実績に大きな乖離がある

このように見てくると、**日本の観光業の潜在能力と実績の間には、大きな乖離がある**ことがわかっていただけたと思います。

図表2－7をご覧ください。

ここでは日本の実績は2016年のデータを、世界の直近の実績は2015年のデータを用いています。データの使い方としては適切ではありませんが、日本のデータは2016年に大きく増加しているのに対して、世界はそれほど極端に動いていません。

国連の2016年のデータがまだ出ていないため、この比較をすることにしました。誤差の問題はあっても、大きな変化はありませんので、ご了承ください。

さて、アジアの潜在市場である2億3160万人に対し、日本の実績は2055万人ですので、**潜在市場に占める実績の割合は9・0%**となっています。マーケットとしての進捗はきわめて順調と言えましょう。別の見方をすれば、1年間に潜在市場の10%が訪日してくれると仮定すると、アジア市場の進捗率はすでに90%となります。まだリピート率が高くないので、一時的に通常の潜在能力を超えて成長することもあるかもしれませんが、**アジアからの訪日客の増加率はわりと近いうちに頭打ちとなり、アジアのアウトバウンド市場の成長率に収斂する可能性が高い**と言えるのです。

アメリカからの実績は165万人で4・1%ですから、決して悪くはありませんし、2倍にすることも十

図表**2-7**　地域別潜在市場と実現率（100万人、%）

	地域発観光客数	日本の潜在能力	実績	実現率
欧州	594.1	118.8	1.4	1.2
アジア	289.5	231.6	20.9	9.0
アメリカ	199.4	39.9	1.6	4.1
中東	36.3	7.3	NA	NA
アフリカ	35.4	7.1	0.0	0.5
その他	31.5	6.3	0.0	0.0
世界	1,186.2	410.9	24.0	5.8

出所：UNWTO、JNTOデータより筆者作成

分考えられます。

しかし、欧州の場合、潜在市場1億1880万人に比べて、実績はわずか1・2%にとどまっています。これは裏を返せば、欧州にはもっとも大きな伸び代があるということです。

ここが日本の観光戦略の精度を上げていく最大のポイントです。

欧州全体の人口に占める訪日観光客の比率は0・21%。1人あたりGDPが低く、人口が非常に多いロシアとポーランドを除けば0・31%とやや上がりますが、欧州全体の人口に占める欧州からの訪日潜在市場である1億1188万人の比率は約1・6%。

つまり、**本来は欧州の人口の1・6%程度が日本を訪れるポテンシャルがある**のです。

そのような意味では、日本が観光立国を目指していくうえで、欧州にはまだまだ多くの「宝の山」が眠っていると考えるべきではないでしょうか。

データで見てもアジアからだけでは限界がある

一方でこれを逆説的に考えていくと、**この「宝の山」をうまく活用しないことには、2020年の4000万人で8兆円、2030年の6000万人で15兆円という政府目標の達成はかなり**

困難になる可能性があるということでもあります。

たとえば、アジアからの集客だけで4000万人を誘致することは可能でしょうか。

アジアのアウトバウンド客の訪日潜在市場は、2億8950万人のアウトバウンド観光客の8割として、2億3116万人です。**それに対する4000万人は、約20%**となります。

20%というのは非常に大きな割合で、達成するのはなかなか大変です。仮に短期的には達成できたとしても、**長期的に維持することは非常に難しい**と言えます。その国のアウトバウンド観光客数に占める訪日観光客数が20%となる国は、ほとんどありません。


もっと言うと、**アジアの観光客だけで客数目標を達成できたとしても、観光収入は達成できない**と考えられます。

アジアからの観光客が落とす金額は相対的に低いため、アジア中心の訪日客で2020年の4000万人目標を達成したとしても、**2020年に8兆円という観光収入目標は達成できない**恐れがあるのです。

図表2-7を見れば明らかですが、やはり地域内の1人あたり消費額はどうしても少なくなります。さらに、地政学的なリスクも考慮する必要があります。

アジアから4000万人来てもらえると仮定しても、今の単価では観光収入は6兆円に留まります。

韓国人観光客は短い期間、頻繁に日本を訪れる短期滞在の傾向が顕著です。**韓国人の平均滞在日数はもっとも短い4・5日で、支出金額も滞在期間を反映して一番少ない**です。観光目的の滞在日数はさらに短く、たった3・3日にすぎません。韓国人にとって日本への旅行は、それほど多くのお金と時間を費やすものではないのです。

図表**2-8**　国別の訪日外国人観光客の特徴（2016年）

	予算総額（円）	滞在日数	観光目的（%）	観光目的滞在日数
韓国	70,281	4.5	78.1	3.3
台湾	125,854	7.4	82.9	5.2
香港	160,230	6.3	88.9	5.6
中国	231,504	11.8	75.1	6.1
タイ	127,583	9.9	71.8	6.0
シンガポール	163,210	8.0	67.7	8.0
マレーシア	132,353	11.7	59.2	6.9
インドネシア	136,619	15.0	52.1	7.0
フィリピン	112,228	28.3	53.3	9.0
ベトナム	186,138	35.4	33.7	9.3
インド	144,275	22.8	13.2	8.8
イギリス	181,795	12.6	50.1	12.3
ドイツ	171,009	14.0	39.7	14.2
フランス	189,006	16.0	60.6	14.7
イタリア	198,000	12.8	56.8	12.2
スペイン	224,072	14.0	69.9	12.9
ロシア	190,874	21.1	42.9	10.6
アメリカ	171,418	14.1	42.7	9.5
カナダ	154,977	12.8	59.5	10.7
オーストラリア	246,866	13.2	77.7	12.7
その他	183,083	18.9	52.5	13.3
全国籍	155,896	10.1	72.7	6.0
アジア	150,020	9.1	77.6	5.2
アジア以外	186,840	13.9	53.0	11.6

出所：JNTOの2016年データより筆者作成

リピート率がもっとも高い台湾人や香港人も、食事とショッピングなどのためのちょっとした遠出という感覚で来ているというトレンドが認められます。

図表2－8のように、**アジアの観光客は、滞在期間が短い分だけ落とす金額が減る**傾向があります。中国がやや例外に見えますが、こちらはご存じ「爆買」の影響を反映しています。図表2－9をご覧いただけばわかる

図表**2–9**　国別消費金額と買い物に使う金額（2016年、円）

	総額	買い物	構成比（%）	買物を除く	1日あたり
オーストラリア	246,866	37,857	15.3	209,009	15,834
香港	160,230	62,389	38.9	97,841	15,530
シンガポール	163,210	40,428	24.8	122,782	15,348
スペイン	224,072	32,052	14.3	192,020	13,716
イタリア	198,000	25,596	12.9	172,404	13,469
イギリス	181,795	24,000	13.2	157,795	12,523
韓国	70,281	19,562	27.8	50,719	11,271
ドイツ	171,009	20,350	11.9	150,659	10,761
台湾	125,854	47,122	37.4	78,732	10,639
アメリカ	171,418	26,111	15.2	145,307	10,305
フランス	189,006	30,299	16.0	158,707	9,919
カナダ	154,977	29,326	18.9	125,651	9,816
中国	231,504	122,895	53.1	108,609	9,204
タイ	127,583	45,414	35.6	82,169	8,300
マレーシア	132,353	40,023	30.2	92,330	7,891
その他	183,083	37,333	20.4	145,750	7,712
インドネシア	136,619	34,665	25.4	101,954	6,797
ロシア	190,874	64,889	34.0	125,985	5,971
インド	144,275	32,971	22.9	111,304	4,882
ベトナム	186,138	58,883	31.6	127,255	3,595
フィリピン	112,228	34,093	30.4	78,135	2,761
全国籍	155,896	59,323	38.1	96,573	9,562

出所：JNTOの2016年データより筆者作成

とおり、中国人観光客が落とす金額のうち、買い物は総額の53・1%を占めており、全国籍平均の38・1%を大きく上回っています。

「爆買」で買われる商品は、実は輸入品が多いので、国内に残る収入が少ないという問題があります。それを調整すると、アジアの使用金額はさらに減ります。最近、ロシア、インド、ベトナムからの訪日客も増えていますが、ビジネス目的が多いため、やはり単価が低く抑えられています。

買い物を除く1日あたりの消費金額では、中国は9204円となり、全国籍平均を下回ります。やはり上位には、1人あたりGDPが高い国が多く入ってきます。

欧州からの「観光目的客」が少ないという大問題

図表2-8を見ると、アジアの予算総額が15万20円なのに対し、アジア以外でも18万6840円と、さほど差がないことに驚かれたかもしれません。一見すると、アジア以外の訪日客もそれほど「上客」とは言えないように見えます。しかしこれには理由があります。

JNTOの分析によると、実は表面的な数字以上に、日本は欧州からの観光客を呼べていないという現実があるのです。

国別の訪日目的の違いをまとめた図表2-10をご覧ください。

これによると、訪日客全体に占める観光目的の客は、アジアでは76・6%ですが、アジア以外では53・0%まで下がります。アジア以外で最低なのは、ドイツの39・7%でした。**欧州からの真の意味での「観光客」は、わずか52万8337人しか呼べていない**のです。

図表**2-10**　国別に見た訪日目的（2016年、人）

	観光目的（%）	訪日観光客数	観光目的 訪日観光客数
韓国	78.1	5,090,302	3,975,526
台湾	82.9	4,167,504	3,454,861
香港	88.9	1,839,189	1,635,039
中国	75.1	6,372,948	4,786,084
タイ	71.8	901,458	647,247
シンガポール	67.7	361,804	244,941
マレーシア	59.2	394,262	233,403
インドネシア	52.1	270,947	141,163
フィリピン	53.3	347,860	185,409
ベトナム	33.7	233,763	78,778
インド	13.2	123,007	16,237
イギリス	50.1	292,457	146,521
ドイツ	39.7	183,287	72,765
フランス	60.6	253,445	153,588
イタリア	56.8	119,252	67,735
スペイン	69.9	91,849	64,202
ロシア	42.9	54,838	23,526
アメリカ	42.7	1,242,702	530,634
カナダ	59.5	273,211	162,561
オーストラリア	77.7	445,237	345,949
合計	73.6	23,059,322	16,966,169
アジア観光目的	76.6	20,103,044	15,398,689
アジア以外観光目的	53.0	2,956,278	1,567,480

出所：JNTOの2016年データより筆者作成

なぜこれが問題なのかというと、**ビジネスマンは落とす金額が少なく、地方に行く機会も限られるから**です。

日本国内では、ビジネス目的と観光目的の訪日外国人の消費金額には大きな差はないと言われています。ですが、図表2-11をご覧ください。たしかに全体で見れば、観光目的の訪日客の支出はビジネス目的の106・8%ですので、そう思

図表**2-11**　訪日目的・回数別の消費金額（2016年、円）

	ビジネス	観光			観光/ビジネス（%）
		初めて	リピーター	全体	
韓国	83,450	62,581	68,624	66,359	79.5
台湾	118,036	113,027	123,456	121,351	102.8
香港	138,250	153,208	163,904	161,778	117.0
中国	211,509	221,944	241,502	228,374	108.0
タイ	102,122	113,631	142,439	132,243	129.5
シンガポール	152,590	154,095	176,309	169,406	111.0
マレーシア	125,208	129,195	156,480	140,902	112.5
インドネシア	102,739	131,725	155,229	140,748	137.0
フィリピン	106,719	107,791	131,732	119,113	111.6
ベトナム	134,427	229,524	230,216	229,924	171.0
インド	140,543	154,054	155,441	152,659	108.6
イギリス	104,543	227,512	195,990	218,772	209.3
ドイツ	106,356	219,331	185,436	209,962	197.4
フランス	125,258	219,621	206,184	215,298	171.9
イタリア	128,524	220,252	221,950	220,681	171.7
スペイン	103,438	227,465	267,703	234,654	226.9
ロシア	180,903	167,440	199,950	185,920	102.8
アメリカ	161,352	197,899	176,710	191,090	118.4
カナダ	138,918	160,022	158,574	159,719	115.0
オーストラリア	171,558	267,783	269,052	268,538	156.5
合計	143,343	—	—	153,138	106.8
アジア	142,729	142,798	158,667	146,968	103.0
アジア以外	145,423	211,925	209,061	213,751	147.0

注：観光（初めて）と観光（リピーター）の平均は単純平均
出所：JNTOの2016年データより筆者作成

うのも無理はありません。

しかし、アジア以外の訪日客は違います。**アジア以外から観光目的でやってくる訪日客は、ビジネス目的の147・0%も支出している**のです。アジア以外から観光目的の訪日客をそれほど誘致できていないのは、大きな機会損失なのです。

逆に言えば、欧州からの「観光目的」の訪

図表2-12　買い物を除く支出総額（2016年、円）

	総額	滞在日数	1日あたり	観光目的	買い物を除く	1日あたり
オーストラリア	246,866	13.2	18,702	77.7	209,009	15,834
スペイン	224,072	14.0	16,005	69.9	192,020	13,716
イタリア	198,000	12.8	15,469	56.8	172,404	13,469
フランス	189,006	16.0	11,813	60.6	158,707	9,919
イギリス	181,795	12.6	14,428	50.1	157,795	12,523
ドイツ	171,009	14.0	12,215	39.7	150,659	10,761
その他	183,083	18.9	9,687	52.5	145,750	7,712
アメリカ	171,418	14.1	12,157	42.7	145,307	10,305
ベトナム	186,138	35.4	5,258	33.7	127,255	3,595
ロシア	190,874	21.1	9,046	42.9	125,985	5,971
カナダ	154,977	12.8	12,108	59.5	125,651	9,816
シンガポール	163,210	8.0	20,401	67.7	122,782	15,348
インド	144,275	22.8	6,328	13.2	111,304	4,882
中国	231,504	11.8	19,619	75.1	108,609	9,204
インドネシア	136,619	15.0	9,108	52.1	101,954	6,797
香港	160,230	6.3	25,433	88.9	97,841	15,530
マレーシア	132,353	11.7	11,312	59.2	92,330	7,891
タイ	127,583	9.9	12,887	71.8	82,169	8,300
台湾	125,854	7.4	17,007	82.9	78,732	10,639
フィリピン	112,228	28.3	3,966	53.3	78,135	2,761
韓国	70,281	4.5	15,618	78.1	50,719	11,271
全国籍	155,896	10.1	15,435	72.7	96,573	9,562

出所：JNTOのデータより筆者作成

日客を増やさないと、アジアの1人あたり15万円だけで2020年の収入目標（20万円）を達成するのは困難です。2030年の収入目標（25万円）を達成するには、欧州、アメリカ、オーストラリアからの観光目的の訪日客を大幅に増やしても難しいので、さらに単価を上げる必要があります。

ではなぜ、アジアとアジア以外とではこれほど消費金額に違いが出るのでしょうか。大きな原因のひとつに、**滞在日数の違い**があります。

アジアの観光目的滞在期間の平均は5・2日でした。これに比べて、欧州は11・6日、アメリカは9・5日、オーストラリアは12・7日です。

宿泊と食事は観光の最大の支出ですから、その滞在期間の長さを反映して、**アジアの平均支出額は1人あたり9万5621円、北米が13万5479円、欧州が16万6317円、オーストラリアが20万9009円**でした（図表2-12）。

アジアからの誘致戦略の限界

以上から、アジア観光客、特に韓国人にとって日本への観光旅行は、日本人の国内観光客と同じような感覚になっているという現実が浮かび上がります。それは裏を返せば、**現在の国内観光**

客向けの観光システムをそのまま韓国人観光客向けに流用することが可能だということです。

やはり日本はアジア最大の先進国ですし、アジアのどの国よりも観光資源の多様性に富んでいるのはまぎれもない事実です。当然、中国や東南アジアなど途上国の観光客にとって一番訪れたい国になりますし、事実こうして多く訪れています。

観光産業の基礎を整備するという意味において、このような**近隣諸国からの観光客をまずはしっかりと確保して、国内観光客向けの観光システムを流用しつつ、それを徐々に発展させていく**ということは、間違った考え方ではありません。

しかし一方で、先述したように、**確実にとれる「客」を手堅くとっていくという戦略だけでは不十分**だというのも、また事実です。それだけでは、日本がもつ潜在能力を十分に引き出しているとは言い難いからです。先ほど紹介した数字からも、特に2030年の1人あたり支出金額の目標である25万円を達成するのは、まず困難だと言えるでしょう。

国際観光客数、国際観光収入の上位に並ぶスペイン、フランス、イギリスなどの「観光大国」には、欧州という手近なところの観光客だけがきているわけではありません。日本やアジアなど、さまざまな地域から観光客が訪れています。

つまり、それぞれの地域別に、潜在能力がしっかりと引き出されているのです。**インバウンド**

観光客の国籍の多様化ができています。

私は前著『新・観光立国論』で、世界の観光をめぐる動きをふまえて、日本の観光資源などの強みを引き出せば、**2020年には訪日観光客5600万人、2030年には8200万人の目標達成が可能**だと述べましたが、これは**日本がもつ潜在能力がフルに引き出されていることが前提**です。

現在のように、**アジアをメインとした戦略では、政府が設定している2030年に6000万人という目標すら達成できない**と考えています。先ほども申し上げたように、6000万人という数字は、世界中から満遍なく観光客が訪れることが前提なのです。

上客を呼ぶ「土壌」は整いつつある

前著『新・観光立国論』でも繰り返し訴えてきましたが、なぜ欧州からの観光客が大切かというと、**欧州からの訪日観光客は、よその地域よりも観光にお金をかける**傾向があるからです。

つまり、国際観光収入のトップ5圏内に入るためには欠かすことができない**「上客」**なのです。

このあたりをどうやってしっかりと押さえていくのかこそが、これからの観光戦略には求められていくのです。

ここでも、世界のデータを見る必要があります。**訪日外国人が今現在、実際に使っている金額は、必ずしも使える金額の上限ではない**ということです。

たとえば、安いホテルしかなければ、もっと高いホテルに泊まりたいと思っている訪日外国人も、そのホテルに泊まるしかありません。当然、使える金額の上限と実際の使用金額に乖離が出てきます。この問題についても、第6章で再度考えていきます。

ここで、繰り返しになりますが、重要なポイントがあります。

それは、日本から見た欧州の観光客は上客ですが、欧州内では欧州の観光客は上客ではないということです。日本から見た韓国人は上客ではありませんが、欧州から見た韓国人観光客は上客です。

上客かどうかは国籍ではなく、あくまで距離の問題なのです。

以上をふまえて、いかに上客を誘致していくかを考えてみましょう。実は、今の日本には、そのような「上客」を誘致するための「土壌」はできつつあります。

たとえば、これまで「保存」に重きを置いていた文化財の魅力をより身近に感じてもらえるようなストーリーを体験できる「日本遺産」の認定がスタートしました。

また、日本が観光資源として大きな競争力を誇る「自然」では、「国立公園満喫プロジェクト」

がスタート。政府による国立公園の整備も進んでいます。海外への発信も強化していくということなので、自然や文化に関心が高い欧州からの観光客に対して効果があることは言うまでもありません。

また、これまで私も著書や講演でかなり進言させていただいてきた「文化財観光のあり方」も、ここにきてかなり変わってきました。

赤坂迎賓館が大人1500円の入館料で一般公開されるようになったのは大きく報道されましたのでご存じかと思いますが、京都の二条城でも同様の動きが出てきたのです。

二条城は解説の充実、ガイドの整備、2017年に150年を迎える大政奉還の再現の話などが進んでいます。さらに、今までは観覧しかできなかった国宝「二の丸御殿」を、イベントや賓客を迎える場として使えるようにすべきではないかという提言が有識者会議から出ており、長期的には消失してしまった天守閣を再現しようというアイデアもあります。

もちろん、観光は文化財だけではありませんが、文化財は国際観光都市・京都に多くの外国人観光客をひきよせている魅力のひとつであることに異論を挟む人はいないでしょう。

その文化財がこれまでの「安い入館料を払って観覧する見学型」から、「高いお金を払って楽しむ体験型」へシフトしたことは、京都だけではなく、日本の観光戦略においても非常に意義

があると言えます。

もちろん、国立公園を満喫できるようにするだけで、また文化財を「体験型」にするだけで、現在かなり少数派となっている欧州からの観光客がいきなり爆発的に増えるわけではありません。

言うなれば、**これらの整備は、世界の市場のなかで戦っていくための準備**なのです。

どの国から何人来てもらうか

今の日本は準備ができつつあるという段階なので、ここから本格的な「攻め」に打って出なければいけません。

そこで大事になってくるものが、**「発信戦略」**です。

いくら欧州からの観光客を増やしたいと考えても、やみくもにＰＲや観光誘致のイベントなどをやったところで、その効果はしれています。

欧州と一口に言ってもさまざまな国があり、さまざまな人々がいて、観光に対する嗜好も多種多様です。**どの国の、どのような人たちを狙うべきなのか、そしてどのようなＰＲをすればい**

いのかということを、計画性と戦略性をもって細かく考えていかなくてはいけないのです。

図表2-13をご覧ください。

これはアウトバウンドにたくさんのお金を費やしている国を上から順に並べたものです。

人口が多い中国やアメリカが多いというのは想像できたかと思いますが、**意外なのが第3位のドイツ**ではないでしょうか。2014年ののべ人数の実績ですが、8300万人のドイツ人が国際観光を行っていて、775億ドルを費やしています。

ドイツの人口は8200万人ですから、**国民のほとんど全員に相当する人数が海外旅行をしている**ことになります。もちろんこれはのべ人数ですので、同じ人が年間3回海外へ

図表2-13　1人あたり観光支出と観光客

	観光支出（10億ドル）	人口（100万人）	1人あたり（ドル）	アウトバウンド数（100万人）	1人あたり（ドル）
中国	292.2	1,375	212.5	116.5	2,508.2
アメリカ	112.9	322	350.6	68.2	1,655.4
ドイツ	77.5	82	945.1	83.0	933.7
イギリス	63.3	65	973.8	58.4	1,083.9
フランス	38.4	64	600.0	28.2	1,361.7
ロシア	34.9	146	239.0	45.9	760.3
カナダ	29.4	36	816.7	33.5	877.6
韓国	25.0	51	490.2	16.1	1,552.8
イタリア	24.4	61	400.0	27.2	897.1
オーストラリア	23.5	24	979.2	9.1	2,582.4
合計	721.5	2,226	324.1	486.1	1,484.3

出所：UNWTOの2015年データ、世界銀行の2014年データ（アウトバウンド数）より筆者作成

行った場合、3人としてカウントされます。

イギリスも人口6511万人に対して5840万人ですからほぼ同じですが、際立って少ないのがフランスです。人口6467万人に対して、2820万人程度しか海外旅行をしていないのです。

つまり、**ドイツ人やイギリス人は欧州のなかでも比較的、「海外旅行好きな人」が多く、フランス人はそれほど国の外に出ない**と言えるのです。

では、このようなアウトバウンド市場をふまえて、日本の実績を見てみましょう。

図表2-14は、直近のアウトバウンド数に加えて、2016年の訪日観光客数と、それらが全体のアウトバウンドに対してどれほどのシェアをもっているかを一覧にしたものです。

中国や韓国の訪日観光客数や、それぞれのアウトバウンドに対するシェアの高さを見れば、**日本のアジア市場に対する観光戦略はかなりうまくいっている**ことがわかります。

アジアはUNWTOの長期予測でももっとも伸びるマーケットとされていますので、この勢いをさらに加速させ、中国のアウトバウンド市場のシェアを5・5％からより高めていく戦略が可能でしょう。

図表**2–14**　主なアウトバウンド市場の進捗（人、%）

	実績	アウトバウンド	シェア
総数	24,039,053	1,186,000,000	2.0
アジア計	20,428,224	319,806,000	6.4
韓国	5,090,302	19,310,000	26.4
中国	6,372,948	116,886,000	5.5
台湾	4,167,504	NA	NA
香港	1,839,189	89,082,000	2.1
タイ	901,458	6,794,000	13.3
シンガポール	361,804	9,125,000	4.0
マレーシア	394,262	30,761,000	1.3
インドネシア	270,947	8,176,000	3.3
フィリピン	347,860	3,188,000	10.9
ベトナム	233,763	NA	NA
インド	123,007	20,376,000	0.6
マカオ	99,398	1,466,000	6.8
イスラエル	29,433	5,891,000	0.5
モンゴル	21,408	NA	NA
トルコ	18,194	8,751,000	0.2
その他アジア	156,747	NA	NA
ヨーロッパ計	1,422,032	594,100,000	0.2
イギリス	292,457	65,720,000	0.4
フランス	253,445	26,648,000	1.0
ドイツ	183,287	83,737,000	0.2
イタリア	119,252	29,040,000	0.4
ロシア	54,838	34,550,000	0.2
スペイン	91,849	14,407,000	0.6
スウェーデン	49,624	15,917,000	0.3
オランダ	58,249	18,070,000	0.3
スイス	44,232	13,601,000	0.3
ベルギー	30,004	10,835,000	0.3
フィンランド	23,698	8,904,000	0.3
ポーランド	31,550	44,300,000	0.1
デンマーク	23,830	8,991,000	0.3
ノルウェー	19,171	3,395,000	0.6
オーストリア	21,044	10,628,000	0.2
ポルトガル	21,425	1,460,000	1.5
アイルランド	16,369	7,094,000	0.2
その他ヨーロッパ	87,708	NA	NA

図表2-14（つづき）

	実績	アウトバウンド	シェア
アフリカ計	33,770	35,400,000	0.1
北アメリカ計	1,570,400	125,323,000	1.3
アメリカ	1,242,702	73,453,000	1.7
カナダ	273,211	32,267,000	0.8
メキシコ	43,524	19,603,000	0.2
その他北アメリカ	10,963	NA	NA
南アメリカ計	77,985	9,469,000	0.8
ブラジル	36,886	9,469,000	0.4
その他南アメリカ	41,099	NA	NA
オセアニア計	505,541	11,871,000	4.3
オーストラリア	445,237	9,459,000	4.7
ニュージーランド	56,323	2,412,000	2.3
その他オセアニア	3,981	NA	NA
無国籍・その他	1,101	NA	NA

出所：JNTOの2016年データ（実績）、世界銀行の直近データ（アウトバウンド）より筆者作成

アメリカも初めて120万人を超え、シェアも1・7%を占めていますので、かなり順調ですが、伸び代はあります。全アウトバウンド市場の2・0%というシェアも悪くありません。

ただ、2020年の400万人という潜在市場に対しては、まだ大きな隔たりがありますので、今まで以上にアメリカのアウトバウンドを取り込むためのピンポイントな戦略を立案していくべきではないでしょうか。

これら2つの地域と比較すると、アウトバウンド市場全体とのギャップがかなりあるのが欧州です。**欧州でもっとも「海外旅行好きな国」であるはず**

のドイツはわずか18万人で、ドイツのアウトバウンド市場のなかで0・2%しかシェアがありません。

イギリスも29万人、フランスも25万人、イタリアも12万人と、軒並み1%以下のシェアになっています。つまり、欧州に関してはまだ潜在能力が引き出されていないということなのです。

「フランスを最重要視」は適切な戦略なのか

これまで日本がアジアを中心とした戦略を実行してきたことを考えれば、当然の結果なのかもしれません。欧米に対しては、日本のファン、すなわちアニメ、漫画、お茶や日本食などの日本文化を好む層、つまり**「親日派」を対象とした観光戦略でしたので、どうしても限られた人しか日本を訪れない**ということになってしまっていたのです。

しかし今後は、そうも言っていられなくなります。

潜在市場と実績にかなり開きがある欧州は、これからの日本の観光戦略の精度を上げていくうえで、もっとも重視すべき市場だと言えます。

最近、日本の観光地では続々と多言語対応が進んでいます。案内板やパンフレットなどが英語、中国語、韓国語に翻訳されているのを、みなさんも目にする機会が増えてきたと思います。**さらに多言語対応が進んでいる観光地などでは、その3つの言語の次に「フランス語」が来ます。**

もちろん、その成果はきちんとあらわれています。フランスのアウトバウンドの1・0％が日本を訪れており、この実績は大手欧州各国のなかで最高です。

ただ、先ほども紹介したように、**フランス人が中国人、韓国人、アメリカ・イギリス人に次いで日本によく訪れる可能性があるかというと、データを見るかぎり、そうは言えません。**

にもかかわらず、なぜここまで「フランス」という国を重要視するのでしょうか。そこには、「フランス人は日本文化に理解がある」という**観光業者や自治体の先入観**があることは明らかです。

たしかに歴史的に見れば、19世紀の欧州におけるジャポニズムは、フランスが中心になっています。日本のアニメもフランスで人気を博しているなど、日本文化に対する関心が高いとされています。

そのようなイメージから、訪日外国人観光客対応でも、フランスを重要視すべきだという戦略が導き出されているのです。

しかし、**「日本文化が好き」ということと、「日本に観光に訪れてお金を落とす」ということは、まったく別の次元の話**です。しかも、先ほどのアウトバウンド市場を見てもわかるように、**フランスは海外旅行を楽しんでいる人がそれほど多くはありません。**

仮に日本文化に理解があるとしても、マーケットとしてドイツに比べて相対的に小さいところへ注力するのは、あまり賢い戦略とは言えません。力を入れたことによって実績は上がっていますので、悪いとは言いませんが、科学的な根拠に基づいて決められた戦略とは言い難いのです。

いちばんターゲットにすべきはドイツだ

では、**欧州からの観光客を増やしていくための戦略としては、どこを狙うべきなのかというと、やはり「ドイツ」**が浮かび上がります。

8300万人という世界第3位のアウトバウンド市場を誇るドイツから日本に訪れているのは、わずか18万人足らずです。いくら同一地域外とはいえ、あまりにも少なすぎます。

国別に見ていくと、各国の人口と訪日観光客数の比率には大きなバラつきがあります。**イギリス、スペイン、イタリアなどは人口の0・4%以上が訪日**していますが、**欧州先進国最大の人口を誇るドイツからはわずか0・2%**しか来ていません。イギリスやスペインの人々の一定数が日本の観光資源に魅力を感じているのに、ドイツだけその比率が少ないというのは理解に苦しみます。

実際、ドイツの観光客は、アジアにはよく訪れています。**2016年にタイを訪れたドイツ人観光客は年間約84万人も**います（図表2-15）。タイに比べて日本は観光資源の多様性に恵まれているにもかかわらず、日本へはわずか18万3287人しかいないのです。これは裏を返せば、**日本はまだまだドイツ人観光客を招致できる「伸び**

図表**2-15**　国別の訪タイ・訪日客数（2016年、人）

	訪タイ	訪日	訪日／訪タイ（%）
中国	8,757,000	6,372,948	72.8
マレーシア	3,534,000	394,262	11.2
日本	1,440,000	NM	NM
ロシア	1,090,000	54,838	5.0
韓国	1,464,000	5,090,302	347.7
インド	1,194,000	123,007	10.3
オーストラリア	792,000	445,237	56.2
ラオス	1,409,000	NA	NA
イギリス	1,003,000	292,457	29.2
シンガポール	967,000	361,804	37.4
アメリカ	975,000	1,242,702	127.5
ドイツ	836,000	183,287	21.9
ベトナム	830,000	233,763	28.2
フランス	739,000	253,445	34.3
香港	750,000	1,839,189	245.2
インドネシア	536,000	270,947	50.5
カンボジア	687,000	NA	NA
台湾	522,000	4,167,504	798.4
合計	27,525,000	21,325,692	77.5

出所：タイ政府、JNTOデータより筆者作成

代」を秘めているということなのです。

タイの実績を見ていると、タイはさまざまな国から満遍なく誘致できていることがわかります。ここで注目すべきなのは、日本は誘致に力を入れている国に関しては、タイよりも多くの観光客を誘致できているという事実です。**日本はタイよりも観光資源に恵まれていますので、力を入れさえすればタイを上回ることができる**のです。

2020年に訪日観光客4000万人を達成するためには、これまでどおり中国や韓国という周辺国からの観光客はもちろんですが、実はドイツを中心とした欧州からの観光客がカギのひとつになってくるのではないでしょうか。

そこで次章では、このような戦略の細分化を進めていくために、日本における観光戦略の過去、現在、未来を比較して、日本の観光産業が抱える構造的な問題を考えていきたいと思います。

第2章
「どの国から来てもらうか」がいちばん大切

ポイント①
アジアからの集客はかなり順調にできている

ポイント②
お金をたくさん使ってくれる「上客」である欧州からの観光客が少ない

ポイント③
これまでターゲットにしてきたフランス人は、あまり国際観光をしない

アトキンソンの提言　日本がやるべきこと

ドイツ人をターゲットにし、ドイツ語の発信を充実させよう

第3章

お金を使ってもらう「魅力」のつくりかた

「昭和の常識」を捨てて、質を追究しよう

本章の議論に入る前に、まずお断りをしておきます。

日本における観光業の「過去」「現在」「未来」を考えていくうえで、本章ではわかりやすく**「昭和の観光業」「平成の観光業」「将来の観光業」**という言葉を用いていきます。

もちろん、昭和から平成へ移ったことで、観光業のスタイルがガラリと変わったという事実はありません。しかし、これまで拙著で幾度となく指摘してきたように、日本経済は高度経済成長期に代表される**「昭和の思想」**の影響を色濃く受けています。

それは観光業とて例外ではありません。そこで、経済の動向を基準にして、観光業を時代ごとに分類していきます。

観光業には普遍的な部分もありますが、**その時代の基礎条件が変化することによって時代情勢にふさわしくなくなってしまう部分**もあります。それを見分けていくためにも、時代による観光業の違いの本質を理解する必要があります。

そこをわかりやすくイメージをしていただくために、「昭和」「平成」「将来」という言葉を使わせていただきました。

「昭和の観光業」の特徴

では、さっそく**「昭和の観光業」**とはどういったものだったのかを考えていきましょう。

前著『新・所得倍増論』などでも詳細に分析したとおり、「昭和」のビジネスモデルは基本的に、図表3−1のような**「戦後の爆発的な人口増加」**に合わせたものでした。歴史上、移民を迎え入れずに自国民だけでこれほど人口を増やした先進国は、日本以外にありません。

人口が増えるということは、顧客の数が右肩上がりで増えていくということですので、たとえば製造業でしたら、**しっかりした製品さえつくっていれば、黙っていても順調に成長する**ことができました。

ライバルとの価格競争で低価格路線に舵を切ることがあっても、毎年のように分母である日本の総人口が勢いよく増えていたので、**得られる利益**も上がっていったのです。

なおかつ、需要が増加していたので、供給が追いつかない面もあることから供給側が有利となり、**お客さんのニーズがメインにならない**こともありえます。これが今で言う「ガラパゴス化」の始まりです。

また、確実に需要を処理するシステムが求められますので、この時代は**マニュアル化が進み、臨機応変に対応できない、融通が利かないという、多くの日本企業で見られる問題**もあらわれました。

このような人口激増時代を背景としたビジネスモデルは、**観光業にもあてはまります**。

図表3-2をご覧ください。

「今後、生活のどのような面に力を入れたいのか」という調査では、「レジャー・余暇生活」がトップです。このような意識が、観光業にとって大きな追い風となったことは言うまでもないでしょう。

観光庁によると、1975年に44113

図表**3-1**　日本、ドイツ、イギリスの人口推移

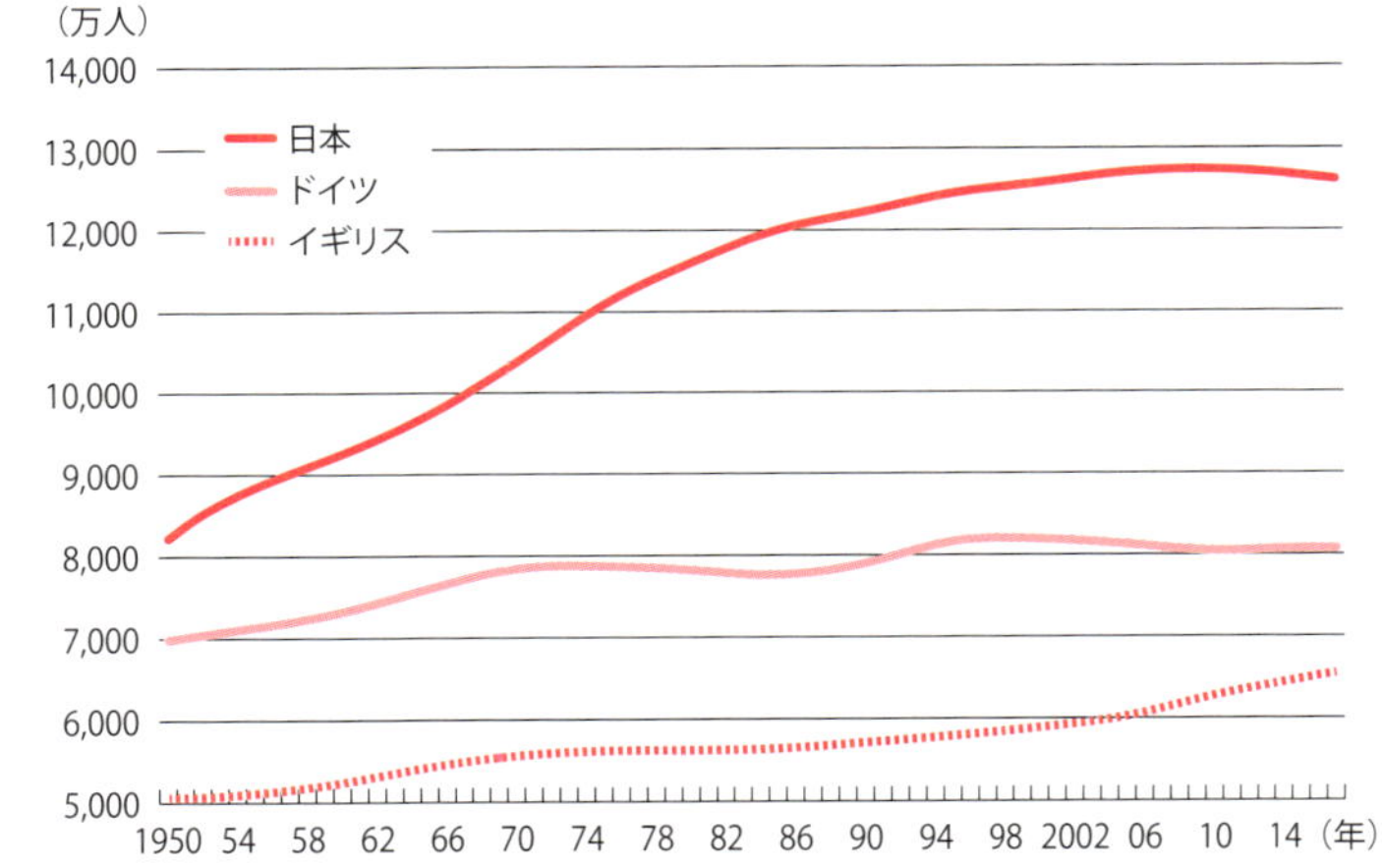

出所：各国政府統計より筆者作成

社だった旅行業者は右肩上がりに増え、1990年には1万592社と、15年で2・4倍に成長。1995年には1万2921社とピークを迎えました。

分母である日本の総人口が右肩上がりで増えていたことにくわえ、日本人の「観光熱」が上がっていったわけですから、極端な話、観光業は特別な創意工夫をしなくても成長できていました。

実際、団体客が訪れる観光地で店を開くだけで、それなりにお客さんが入りました。宿やホテルも、観光地にアクセスできて、ある程度のサービスや食事を提供していれば、全国から観光客が訪れました。

国内観光客だけでも十分儲けることができたので、わざわざ海外から観光客を呼ぶ

図表**3-2**　今後、生活のどのような面に力を入れたいのか

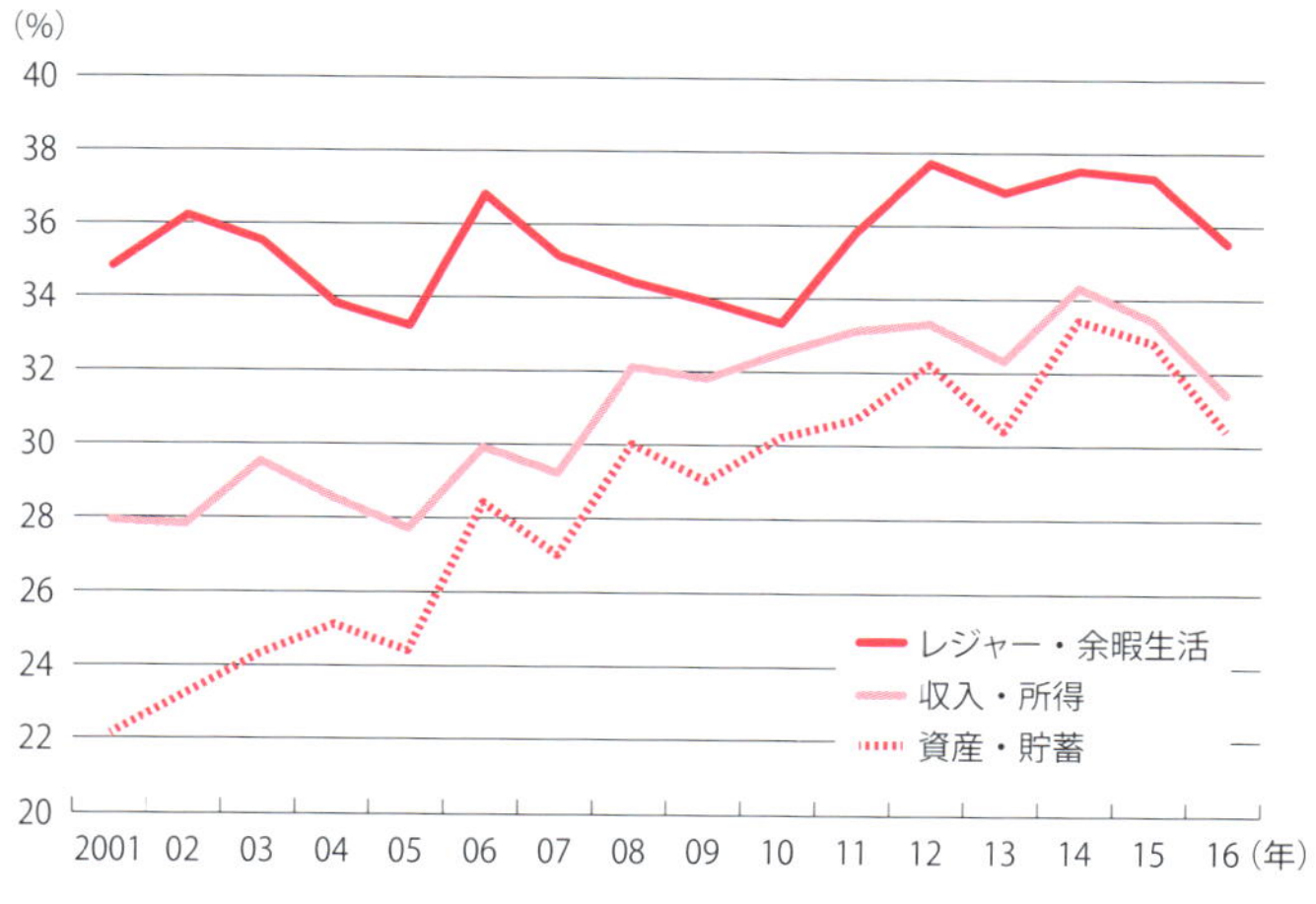

出所：「国民生活に関する世論調査」（2014年）より筆者作成

必要もありませんでした。実際、現在では訪日観光客が年間2000万人を超えていますが、**ほんの数年前までは500万人程度**しか訪れていませんでした。

それでも困っていなかったのは、国内観光客の相手をしているだけで十分に収益をあげることができたからに他なりません。そもそも、日本人に比べて対応が面倒な外国人観光客を誘致しなくてはいけないという発想自体が、あまりなかったのです。

なぜ供給者側がつくる「ルール」が受け入れられたのか

たしかに、外国人観光客を呼ぶ努力はしなかったが、国内観光客については「楽をしてきたわけじゃない」と反論する観光業者もいらっしゃるかもしれません。

しかし「昭和の観光業」が恵まれた環境にあったということは、観光地のレストラン、土産物屋、ホテルなどが客に示す**多種多様な「ルール」**が雄弁に語っています。

「夕飯は大広間で7時からになります」

「11時が門限なので外出はしないでください」

「連休中のお食事はこのコースだけになります」

海外の観光業では、供給側が客にこのような「ルール」を強いるという発想はあまりありません。

しかし「昭和の観光業」では、むしろこのような形態が主流でした。**なぜこのような現象が起きるのかというと、圧倒的な売り手市場だったから**です。

有名観光地でさえあれば、あとからあとから観光客がやってくるので、サービス供給者側としては**1円でも安くして、とにかく1人でも多く来てもらえば**、という感覚でビジネスをしてきたと思います。

いわゆるマスマーケット狙いでした。

これはご都合主義というよりは、とんでもない人数を失礼にならないように効率良くさばくためには仕方がない、合理的な判断だったと思います。ホテルは大型化し、価格も手頃になっていきました。

これに拍車をかけたのが、ゴールデンウィークです。

先ほどの意識調査が示すように、日本人の観光熱は経済成長と比例して高まっていきましたが、観光する「時間」は増えませんでした。いま問題になっているように、日本企業で働く人の多くは個人の裁量で長期休暇はとれません。結果、土日か盆暮れの休み、あるいはゴールデンウィークに観光するという**「一極集中型」**が定着しました。

しかし、この休み方は製造業の時代、子供が多い時代の名残です。「親は子供が休むときに休む」という常識は、この未婚化・少子化の時代には合っていません。

また、製造業では工場を止めて休むかフル稼働させるかのどちらかしか選択肢がありません。ですから「みんなで一斉に休む」のが合理的でした。しかし、今はサービス業が経済の73％を占めています。どう考えても、「みんなで一斉に休む」理由は見当たりません。

有名観光地へ行けば大混雑、有名ホテルは軒並み満室ですが、自由に休暇をとれないので選択の余地はありません。ゴールデンウィークだからしょうがないというあきらめの境地が、**「ホテルやレストラン側から提示された『ルール』に黙って従うことこそが『観光客のマナー』である」**という社会通念の源泉になりました。

日本人が自由に休めないのは祝祭日が多いからだという意見もありますが、それなら祝祭日を減らして自由に休めるようにすればいいと思います。**休みのときはどこも大混雑しているという状況を放置して、いったい誰にメリットがあるのでしょうか。**

この数年、記事や講演会で、これまでの日本の観光は人口増加に依存した産業だったために満足度が低い、価格設定が低いと指摘しつつ、訪日外国人観光客を増やすためには、文化財などの解説や案内を外国人でもきちんと理解できるようなものにするなど、観光の満足度を上げて対価をもらうべきだと提言させていただいています。

最初は反発を受けると思っていましたが、意外にも**「私も日本の観光はつまらないと思っていた」という賛同の声をたくさんの方からいただきました。**実は国民の多くは、日本の観光業の問題を薄々感じ取っているのです。

「昭和の観光業」がつくった「質よりも量」という常識

「昭和の観光業」が、供給側にとってかなり恵まれた環境にあったということがわかっていただけたと思います。問題は、このような稼ぎ方を何十年も続けてきたことで、それに合わせたインフラしか整備されておらず、日本の観光業に携わる人々の間にもある種の「固定観念」ができあがってしまったことです。

それは一言で言うと、**「質よりも量」**という考えです。

ただ、残念ながら**このような「昭和の観光業」は現在、通用しなくなってきています。**

その象徴的な例が、観光地の土産物屋さんです。

私はこれまで日本の土産物屋が不思議でなりませんでした。どこの店も同じ商品を並べているからです。今の観光客は都会のショッピングの感覚で、いくつものお土産屋さんに足を運びますので、まったく時代のニーズに合っていないのです。

数年前に沖縄に行ったときに、国際通りの土産物屋数軒を確認したところ、**ほぼすべての店で、入り口から出口まで、まったく同じお土産**が並んでいました。これでは、どこかひとつの店舗へ行ったら、他の店舗に行く意味がありません。

いったいなぜこのような状況になっているのか、実際にお土産物屋さんに聞いたところ、「昔はあふれるほどの観光客が押し寄せて、同じ土産がどこの店でも同じように売れたから」だと言われました。

要するに、**観光バスで大量の観光客がやってきて、みなが同じものを買ってすぐに帰る「昭和の観光客」に対応した**というのです。一気にやってくるので、ひとつの店ではさばききれません。そこで隣の店でも、そのまた隣の店でも、同じ土産物を置くようになったというわけです。

他の土産物屋さんでも同じ質問をしたところ、やはり同様の説明をしていました。

「一生に一度の観光」の終焉

この状況に拍車をかけていたのが、**日本人の高齢者たちの多くが口にする「一生に一度行けれ**

ばいい」という観光に対する意識です。

大混雑するゴールデンウィークや盆暮れ時期の「一極集中型」の観光を長く強いられてきたことで、日本人観光客の多くは、全国的な有名観光地や景勝地に、とにかく一度は訪れることが最大の目的となっていたのです。これは裏を返せば、御朱印帳に象徴されるように、**「一度訪れた人は、もう来ない」**ということでもあります。

たしかに、私が特別顧問を務めている二条城などはその典型でしょう。わかりやすい説明もなく、室内には装飾品や家具類も置かれていませんので、まるで空っぽの箱を見るだけですから、一度行けば十分です。しかし**人口が激減しており、「まだ行ったことがない」人が今後増えることは期待できません**。

一方、お金も時間もある高齢者ならば、観光地の魅力を磨けばリピーターになってくれる可能性は十分にあります。しかし、そのための対応はまだできていないのが現状です。

この最大の理由は、**「昭和の観光業」を生み出したと言っても過言ではない「人口」が減少に転じている**ことです。

日本が急速に少子高齢化社会となっているのは、もはや説明の必要はないでしょう。それにともなって、国内旅行客数もじわじわと減ってきているのです。**絶対数が減っていくのですから、まずは「1人でも多く集客する」という前提が崩れてしまう**のです。

また、**一度訪れた観光客はリピーターにならないとなれば、観光客の分母は緩やかに減少する総人口ではなく、より減少スピードが速い若い層が中心になります。これでは、観光地は閑散としていく一方**です。「昭和の観光業」のやり方を続けていると、レストランでもホテルでも、閑古鳥が鳴くようになってしまうのです。

「平成の観光業」は「昭和の観光業」の一時的な温存

このような時代の転換期に差しかかっているにもかかわらず、**「昭和の観光業」に固執して「将来の観光業」への移行が進まない要因のひとつに、「中国人観光客」がある**と思っています。

現在、日本の訪日外国人観光客の大半を占める中国人観光客、そのなかでも団体ツアー客は、「昭和の観光業」のやり方が通用する数少ない外国人観光客だからです。

それを象徴するのが近年、マスコミが使う「春節商戦」という言葉です。

《「春節商戦」好調でも…1月の百貨店売上高1・2％減》（「日本経済新聞」2017年2月21

日）

《春節商戦、コト消費シフト、富士山観光や温泉など、人民元安で高額購入一服》（「日本経済新聞」2017年1月29日）

《昼は買い物、夜はショー　関西で春節商戦スタート》（「四国新聞」2017年1月28日）

バレンタイン商戦、クリスマス商戦など、年間スケジュールのなかで事前に客が大量に訪れる時期がわかっているものは、小売業者や観光業者にとっては「かきいれどき」です。

事実、春節の時期になると、百貨店の化粧品売り場には中国語がわかるスタッフを常駐させているほか、観光地でもさまざまな春節イベントを行っています。

もうお気づきでしょうが、このように**限られた時期のなかで、とにかく1人でも多くの客を招いて、効率良くお金を落とさせるのは、「昭和の観光業」の発想そのもの**です。これは見方を変えれば、かつて国内観光客を対象に行っていた**「昭和の観光業」の方法論を、中国人観光客へ適用させているだけ**ともいえます。

これが、前章で「日本の観光戦略はやりやすいところから手をつけている印象」と申し上げた最大の理由です。

現在の訪日外国人観光客は、中国、韓国、台湾、香港などの近隣諸国からが圧倒的に多く、欧州、アメリカ、オーストラリアなどの遠方からの訪日客がまだ少ないということは前にも指摘しました。これは日本政府や自治体が近隣諸国を中心にPRや誘致を行っていることが大きな要因ですが、近隣諸国、特に中国人観光客にとって日本が訪れやすいということも無関係ではありません。

中国本土は、所得などを見

（円）

買い物	その他	総額	滞在日数	1日あたり
37,857	150	246,866	13.2	18,702
122,895	609	231,504	11.8	19,619
32,052	57	224,072	14.0	16,005
25,596	293	198,000	12.8	15,469
64,889	4,067	190,874	21.1	9,046
30,299	26	189,006	16.0	11,813
58,883	77	186,138	35.4	5,258
37,333	24	183,083	18.9	9,687
24,000	24	181,795	12.6	14,428
26,111	180	171,418	14.1	12,157
20,350	128	171,009	14.0	12,215
40,428	1,285	163,210	8.0	20,401
62,389	29	160,230	6.3	25,433
29,326	273	154,977	12.8	12,108
32,971	74	144,275	22.8	6,328
34,665	28	136,619	15.0	9,108
40,023	60	132,353	11.7	11,312
45,414	430	127,583	9.9	12,887
47,122	224	125,854	7.4	17,007
34,093	59	112,228	28.3	3,966
19,562	234	70,281	4.5	15,618
59,323	320	155,896	10.1	15,435

るとまだまだ発展途上国であり、観光にかける予算は多くはありません。

図表3-3をご覧ください。

中国は1人あたりの旅行支出総額が23万1504円と高めですが、**その半分以上は「爆買」に象徴される化粧品や電化製品の買い物代**であり、宿泊費や飲食費では、ヨーロッパやアメリカからの観光客よりもかなり少ない消費となっています。

私は数年前から、中国人の表面的な使用金額には注意が

図表**3-3**　**訪日外国人1人あたりの旅行支出（2016年）**

	宿泊	飲食	交通費	娯楽サービス
オーストラリア	99,802	51,202	40,169	17,957
中国	44,126	38,943	19,917	5,014
スペイン	92,211	49,103	44,168	6,482
イタリア	78,597	45,299	38,900	9,315
ロシア	61,845	31,004	21,812	7,258
フランス	75,462	40,799	34,590	7,830
ベトナム	49,314	54,182	19,556	4,125
その他	67,698	41,889	29,633	6,505
イギリス	80,131	41,220	30,011	6,408
アメリカ	70,707	41,137	27,856	5,427
ドイツ	78,849	36,899	29,715	5,068
シンガポール	58,462	34,903	24,891	3,242
香港	41,501	34,750	17,328	4,412
カナダ	55,366	36,319	28,509	5,184
インド	61,534	27,379	19,713	2,784
インドネシア	47,117	22,586	27,171	5,051
マレーシア	41,047	27,753	19,799	3,671
タイ	34,532	25,858	16,529	4,821
台湾	33,634	26,611	14,126	4,137
フィリピン	33,192	26,505	13,419	4,959
韓国	22,090	17,847	7,505	3,042
全国籍	42,182	31,508	17,838	4,725

出所：JNTOのデータより筆者作成

必要だと指摘していました。

それは、爆買の比重が高いだけでなく、爆買の対象となる商品の多くが輸入品だからです。第2章でもご説明したとおり、表面的な使用金額は多くても、買うのが輸入品ばかりでは日本経済への貢献は表面的な数字ほどではありません。そこから輸入額を引かないといけないからです。

つまり、**中国人観光客は、一見上客に見えても、実はそうではない**という理屈でした。

最近、爆買が減っていることを悲観視する人がいますが、**そもそも爆買はそれほど日本経済に貢献していませんでしたので、悲観する必要もない**と思います。

中国観光客の一部は、買い物はするけれど、観光にはそれほどお金を落とさない。しかも、近隣諸国からの旅行なので、下手をすると韓国人のように2泊3日などの短期滞在になります。

そうなると、限られた時間のなかで効率的に観光しなくてはいけませんので、名所を回って、観光業者側が提示する名物を食べて、次の観光地へと移動する。このような**中国人観光客の行動は、日本人の観光客の行動とあまり大きく変わらない**のです。

観光業者にとっては、これほどありがたいことはありません。**かつて国内観光客がツアーで次から次へと訪れた「昭和の観光業」のインフラがそのまま使える**からです。

もちろん、言葉やマナーの問題などはありますので、その対応はしなくてはいけませんが、「1人でも多く集客して、なるべく手間とお金をかけずにさばく」という基本的な路線を踏襲することができるのです。

これが人口減少時代であるにもかかわらず、いまだに「昭和の観光業」のやり方を続ける方たちが日本全国に点在している理由です。

「平成の観光業」とは、一言で言うと**「日本人のマス向けにつくった観光インフラを、減少する日本人の代わりにアジアのマスに使ってもらう」**という観光業だったのです。

「将来の観光業」への転換は待ったなしの課題

現在、このやり方は成功していますが、その限界も見えてきています。「将来の観光業」に移行すべきタイミングになりつつあるのです。**経済が発展すればするほど、中国人観光客たちが「昭和の観光業」を見限るのも時間の問題**でしょう。

先ほど紹介した「春節商戦」の記事にもありましたが、近年は中国人観光客も「爆買」目的の旅行やツアー旅行から、個人旅行や文化・自然を体験して思い出をつくるような「コト消費」にシフトしてきています。

「質より量」から「量より質」へと発想を転換しないと、いずれ中国人観光客にも対応できなくなるのです。

ですから、「将来の観光業」への移行はやはり待ったなし、ということになります。さらに将来的なことを言えば、今よりもさらに高度な満足度を提供していかなければならないはずです。

4000万人を目指すうえで、現状としてはまだ割合が十分ではないヨーロッパ、オーストラリアなどの観光客は、先ほどの図表3-3を見てもわかるように、宿泊費や飲食費にかける単価が近隣諸国の人々と比べてかなり高額になっています。さらに交通費を見れば、より広域的に動いていることもわかります。

リピーターを増やし単価を上げる「将来の観光業」

このような状況の下、観光地はどのような対応をとるべきでしょうか。

それは、「1円でも安く1人でも多くの人に来てもらい、なるべく手間とお金をかけずにさばく」という古い考え方を改めて、**「観光客の満足度を上げて、単価を上げることこそが理想の観光ビジネスだ」という発想に切り替える**ことでしょう。

人口が減って、リピーターも少ないという観光地の問題を解決するには、2つの方法がります。

ひとつは**「一生に一度行ければいい」という場所から「何度も行きたい」という場所へ変えて「リピーター」にしていく**ことです。そのためには、これまでの団体客向けの画一化されたサービスだけではなく、1人ひとりにもっとカスタマイズしたサービスも提供して、**満足度を向上させる**しかありません。

たとえば二条城では、これまで建造物だけで中身は何もない「空っぽの箱」を見せているようなものでした。

今後は、将軍のお正月、侍のしきたり、御成の様子、後水尾天皇の行幸、将軍の食事、将軍の服装、将軍の寝室の調度品などなど、シーズンごとに展示を変えて、博物館や美術館の特別展のようにあの手この手でリピーターを呼ぶ発想が必要となってきます。

つまり、「空っぽの箱」に、もともとそこに存在した文化や歴史ドラマを取り戻して、文化や歴史の発信場所にすべきなのです。

今の話と重なりますが、もうひとつは、**1人あたりの単価を上げる**ことです。

もちろん、何もしないで単価だけを上げてしまうと「ボッタクリ」になってしまいますので、**ここでもサービスの質を高めて満足度を上げる**ことが求められます。

つまり、**観光の単価を上げることと、満足度を向上させてリピーターを増やしていくということは、表裏一体**なのです。

それをうかがわせるのが、図表3-4です。

これは日本の有名な国宝や文化財の入館料・拝観料と、世界の有名な観光地の入場料を比較したものです（2015年11月の価格をもとにして作成）。ご覧になっていただければわかるように、**海外の平均は1891円なのに対し、日本の平均は593円**。海外の主要な観光地と比較して圧倒的に安いのです。

これは、1人でも多くのお客さんに1円でも安く見てもらうという、恵まれた昭和の発想の名残にほかなりません。

海外では、特に1980年代以降、**文化財は観光資源として利用し、その収益を保護・修理に回すという「自主運営」的な考え方**が主流です。

一方、日本の文化財は研究や保存の対象であり、修理は文化財保護だけが目的だったという違

図表**3-4**　主要文化財の入館料の国際比較（2015年11月、円）

日光東照宮	1,300		バッキンガム宮殿	3,250
久能山東照宮	800	兼美術館	ウィンザー城	3,565
鎌倉大仏	200		ウエストミンスター大聖堂	2,971
鶴岡八幡宮	200	美術館	セントポール大聖堂	2,693
長谷寺	300		ロンドン塔	3,881
根津美術館	1,200		大英博物館	0
歓喜院	700		ストーンヘンジ	1,486
清水寺	300		ベルサイユ宮殿	1,991
金閣寺	400		ルーブル美術館	1,592
銀閣寺	500		ノートルダム大聖堂	0
高台寺	600		エッフェル塔	1,778
二条城	600		エトワール凱旋門	995
伏見稲荷	0		モンサンミシェル修道院	1,194
京都御所	0		バチカン	4,246
仁和寺	500		コロッセオ	1,592
三十三間堂	600		ドゥオーモフィレンツェ	1,327
東寺	500		ドゥオーモミラノ	1,991
南禅寺	500		ウッフィツイ美術館	1,659
知恩院	400		ピサの斜塔	2,389
龍安寺	500		万里の長城	854
平安神宮	600	庭	紫禁城	1,329
建仁寺	500		サグラダファミリア	1,991
平等院	600		アルハンブラ宮殿	1,858
延暦寺	550		コルドバ	1,327
高野山	2,000		エル・エスコリアル宮殿	1,327
東福寺	400		バンコク王宮	1,354
東大寺	800	美術館込み	アンコールワット	2,400
春日大社	500		パルテノン神殿	1,592
興福寺	800		自由の女神	2,520
唐招提寺	600		ノイシュヴァンシュタイン城	1,592
法隆寺	1,500			
薬師寺	800			
宇佐神宮	300	美術館		
姫路城	1,000			
厳島神社	300			
出雲大社	300	美術館		
伊勢神宮	300	美術館		
平均	593			1,891

出所：各施設のホームページ等をもとに筆者作成

いがあります。この点は、日本の観光業を考えるうえで、非常に大きなポイントです。

たとえば、イギリスの文化財の入場料は、他のヨーロッパ諸国と比較して高い傾向にあることがわかります。これはなぜかというと、**イギリス政府の観光戦略が「量より質」をとりに行っている**からです。

図表3-5をご覧ください。

2015年の観光客数ランキングではフランスが世界断トツトップの8450万人でしたが、観光収入ランキングでは世界4位となっています。一方、イギリスは観光客ランキングでは第8位の3440万人でしたが、観光収入は世界第5位でフランスとほぼ変わりません。

図表3-5　国際観光客と観光収入ランキング

	国際観光客（100万人）			観光収入（10億米ドル）		
	2014年	2015年		2014年	2015年	1人あたり
フランス	83.7	84.5	アメリカ	191.3	204.5	2,639
アメリカ	75.0	77.5	中国	105.4	114.1	2,005
スペイン	64.9	68.2	スペイン	65.1	56.5	828
中国	55.6	56.9	フランス	58.1	45.9	543
イタリア	48.6	50.7	イギリス	46.5	45.5	1,323
トルコ	39.8	39.5	タイ	38.4	44.6	1,492
ドイツ	33.0	35.0	イタリア	45.5	39.4	777
イギリス	32.6	34.4	ドイツ	43.3	36.9	1,054
メキシコ	29.3	32.1	香港	38.4	36.2	1,356
ロシア	29.8	31.3	マカオ	42.6	31.3	2,189

出所：UNWTOの2015年データより筆者作成

観光客数で5000万人もの開きがあるのに、なぜ観光収入で追いつくことができたのかというと、イギリスは観光客1人あたりが現地で落とす単価を上げていく戦略をとっているからです。

観光戦略というものは、観光客数という「量」も当然大事ではあるのですが、「量」ばかりにこだわっていても収入は上がりません。自分たちが提供するサービス、観光資源の価値を上げることで、**金払いの良い「上客」を狙っていくという戦い方**もあります。

イギリスはそれを着実に行い、観光収入を高めているのです。

ここで注意が必要なのは、イギリスの文化財は拝観料を高くしているだけではないということです。

展示の仕方を工夫するなどさまざまな「サービス」を提供することで観光客の満足度を上げ、それによって単価の上昇を実現させています。つまり、**価格には中身の違い、付加価値の違いが反映されている**のです。

日本はデフレだから価格設定が低いと言う人がいますが、それは付加価値を高めていないことの言い訳にすぎません。

「質」を高めれば「量」も増やせる

イギリスの戦略は、日本の観光業にも大いに参考になります。

先ほども申し上げたように、「昭和の観光業」はとにかく1人でも多くの観光客を機械的・効率的にさばく「質より量」の戦略をとってきました。それは合理的な判断でしたし、経済は非常に豊かでしたから、余裕がいっぱいありました。社会貢献という理念を掲げて、文化財の拝観料を安くしておくこともできたと思います。

それに続く「平成の観光業」では、「大量の日本人」の代わりに「大量のアジア人」をターゲットにして、成功を果たしています。

しかし、国内の人口は減少しており、アジアからの訪日客の増加も、早晩頭打ちとなるでしょう。「量」の優位性が揺らいできますので、観光客1人ひとりの満足度を上げていく「量より質」への転換をしていくしかありません。

ただ、ここで誤解なきように申し上げておくと、**「量より質」という戦略は、決して「量」を捨てるということではありません。**「量より質」の戦略をとるイギリスにも、3440万人という世界第8位の国際観光客が訪れています。**満足度を上げてリピーターを獲得する戦略をとることで観光客数という「量」を増やし、それ以上に単価を上げることで収入を増やす**。簡単に言えば、トヨタのレクサス戦略だと言えるでしょう。これこそが、今の時代にマッチした**「将来の観光業」**なのです。

日本の経済は厳しい状況にあります。

高齢化の影響を受け、年金・介護・医療の負担が増加して、国の財政が窮地に立たされています。企業も個人も、経済状況が改善していないどころか、逆に貧しくなっていますので、文化財を含めた観光資源も、贅沢品として節約の対象となっています。

好む好まざるを問わず、**観光資源は「努力」が求められている**のです。

「質」を高めない観光はすたれる運命にある

現在、少しずつではありますが、日本国内の有名観光地でもこのような考え方をもつ「将来の観光業」があらわれてきています。

大変喜ばしいことではありますが、目を背けたくなるような厳しい現実も浮かび上がります。

同じエリアであるにもかかわらず、いまだに「質より量」という感覚を引きずる「昭和の観光業」との明暗が、残酷なまでにくっきりと出てしまうのです。

先日、箱根の芦ノ湖へ行きました。関東を代表する有名観光地だけあって、平日にもかかわらず日本人の観光客はもちろん、外国人観光客も多く訪れていました。

しかし、湖畔のお店がすべてにぎわっているのかというと、そうではありません。残念ながら地元の名産品を扱う土産物屋や、芦ノ湖名物のニジマスやワカサギを扱う飲食店の多くは、**お世辞にも繁盛しているとは言い難い状況**でした。

では、芦ノ湖に訪れた観光客はどこへ向かうのかというと、1軒の瀟洒な建物のパン屋さんに行列をなしているのでした。

ご存じの方も多いかもしれませんが、芦ノ湖の美しい景観を眺めながら焼きたてのパンをいただくことができることで人気を博している店で、1階には足湯を完備したテラス席もあるため、それを目当てに外国人観光客も列に並んでいるのです。

このパン屋さんは、芦ノ湖に何かゆかりがあるわけではありません。ここは帝国ホテルの会長だった大倉喜七郎氏が妙高高原に創業した日本初の高原ホテル「赤倉観光ホテル」のパン職人の流れをくむお店です。伝統の技術やブランドはありますが、決して「芦ノ湖名物」というわけではありません。

芦ノ湖の名物をうたう昔ながらの土産物屋や飲食店がガラガラなのに、そこからわずか数百メートル離れた、東京の表参道にありそうなパン屋が行列をなすほどの大繁盛ということに、違和感を覚える人もいらっしゃるかもしれません。しかし、**これと同様のことが日本全国の観光地で起きている**のです。

1人でも多くの観光客をさばくことを目的とした「昭和の観光業」では、どこの店も、客にはとにかくその地の名物だけを出しておけばいいという発想でした。観光客側も一生に一度来るくらいという意識なので、「芦ノ湖にきたらワカサギを食べるべき」という観光業者側の提案に、何の疑問も抱くことなく従いました。飲食店はとにかく地元のニジマスやワカサギを用いたメニューを提供すればいい、という発想が定着してしまったのです。**顧客が減り、設備投資ができなくなってしまったことが、それに拍車をかけています**。

しかし、社会の変化により、箱根自体の観光地としての意味合いも大きく変わりました。小田急電鉄など交通インフラが進化し、日帰り温泉などのサービスも増えたことで、「一生に一度は行きたい観光地」から、「関東近郊の人々が日帰りや週末に泊まりで気軽に訪れる観光地」へとシフトしていったのです。

箱根を何度も訪れるリピーターたちは、満足度の高い店に行きます。ワカサギやニジマスの料理では満足度が低いということではなく、**自分たちの判断で、質の高いサービスや居心地の良い店を選ぶ**ということです。そのような客側の変化にしっかりと対応しているのが、行列のできるパン屋さんだということなのです。

芦ノ湖以外の観光地でも、同様の現象が起こっています。全国には有名観光地にありながらも、閑古鳥が鳴いている飲食店や土産物屋が山ほどあふれています。

では、観光客が来ていないかというとそうではなく、**いち早く「将来の観光業」へと進化したホテルやレストランには大行列ができています**。軽井沢のそば居酒屋、川上庵も、その成功例のひとつでしょう。

人口減少が進行していくと、**日本中で「将来の観光業」と「平成の観光業」「昭和の観光業」の明暗はさらにくっきりと浮かび上がっていく**ことになるでしょう。

「常識」を再検証しよう

そこで、「観光」に少しでも関わっている業者は、今までの仕事の仕方、慣習、ビジネスモデルを再検証していくことが必要になります。

今のやり方、観光産業の考え方が、時代に左右されない本質的なものなのか、あるいは「連休や夏休みシーズンなどに観光客が押し寄せてくる」という人口増加を前提にしないと成立しないものなのかを見極める。これは非常に重要なことだと思います。

遠い国から日本にやって来るには、高い航空機代・長い時間がかかります。苦労も多いので、**それだけ高い満足度が求められるのです。このような人々を増やしていくためには、今まで以上に高度な観光整備をしていくべき**でしょう。

そう聞くと、遠く離れた国の人のためにそこまでの投資や努力をしなくてはいけないのかと感じる方もいるかもしれません。しかし、これは何も外国人観光客のためだけではありません。

この章の前半に述べたように、これから日本人観光客は減少していきます。絶対数が減るなかで観光業者がやるべきことは、リピーターになってもらい、満足度と単価を上げていくことです。**ヨーロッパからの観光客の眼鏡にかなう観光整備をすることは、まわりまわって日本人観光客の集客にもつながっていく**のです。

ななつ星列車、伊勢志摩にできた高級ホテル「アマネム」など、単価の高い観光資源をつくると、案外日本人ですぐにいっぱいになります。

特に資産のある高齢者などには、これまでのような短期滞在ではなく、ヨーロッパからの観光客のように長期滞在という習慣を広めていくことができるはずです。

さらに政府が進める働き方改革が成功すれば、これまでのようなゴールデンウィークや盆暮れの「一極集中型」ではなく、国内観光の多様性も広がります。

これからは、**昭和のインフラを活かす方法がないので、大型化してしまった価格の安いホテル、旅館、それ以外のインフラを一旦つぶして、地方の大再開発を進めることが急務**となってきます。

「平成の観光業」を土台にして、さらに高度な観光整備をしていく「将来の観光業」には、さまざまな可能性が秘められているのです。

第3章
お金を使ってもらう「魅力」のつくりかた

ポイント①

「量」を優先した「昭和の観光」は満足度が低い

ポイント②

日本の人口は減る。遠くからの観光客は高い満足度を求める

ポイント③

生き残るには単価を高めてリピーターを増やすしかない

アトキンソンの提言　日本がやるべきこと

「横並び」をやめて、客の「満足度」を高めるために何をすべきか考えよう

第4章

自然こそ、日本がもつ「最強の伸び代」

「長く滞在してもらう」ことを考えよう

前章では、**国内の観光業や自治体が、「一極集中型」の集客や接客があたりまえとなっている「昭和の観光業」から脱却し、「平成の観光業」を基礎として個々のニーズに合わせた「将来の観光業」へ移行すべきだ**と説明しました。

訪日観光客4000万人、さらにその「上」を目指していくためには、「平成の観光業」にとどまることなく、さらなる高度な整備を行って、「将来の観光業」にならなくてはいけないということも、よくわかっていただけたと思います。

そこで明確にしておく必要があるのが、**「さらなる高度な整備」とはいったいどのようなものを指すのか**ということでしょう。

文化財のガイドブックや案内板、ホームページなどでは外国語対応も次第に始まっています。観光地ではメニューの多言語対応、外貨のATM対応なども充実してきて、最近では外国人のスタッフを雇うケースも珍しくなくなりました。体験型のアクティビティも次第に増えています。

しかし、私が申し上げている「さらなる高度な整備」とは、現在のような外国人対応を超えた「さらなる改善」のことです。それを端的にご説明するにあたって、非常に大切な観光資源がありますので、この章ではそれを例にしてお話しさせていただきます。

日本がもつ最大の強みは「自然」である

これまでの日本の観光産業は、文化観光にはかなり力を入れてきましたが、自然観光にはそれほど注力してきませんでした。

もちろん文化観光もきわめて大切ですが、実は**自然観光にも、非常に大きな伸び代がある**のです。

前著『新・観光立国論』のなかでも繰り返し指摘してきたとおり、「観光大国」という評価を受ける国は、**「自然・気候・文化・食」という4つの観光資源**に恵まれています。この**4つの条件をすべて満たしている日本は、フランスなどと肩を並べる「観光大国」になりえます。**

その4条件のなかでも、**日本は特に「自然」に関して、かなりの強みがあります。**少し足を伸ばせば、美しい山、河川、海岸線など、美しい自然のなかに身を投じることができます。さらに奥深い山に入れば、自然と一体となって生活している人々の姿や「秘湯」と呼ばれる温泉地、さらには飛驒高山のように、厳しい自然と共生している伝統的な建物を見ることができます。

もちろん、美しい「自然」を誇る観光大国も少なくありませんが、**自然がここまで多様性に富んでいる国はなかなかありません。**しかし自然観光はこれまで、文化観光ほど整備・発信されてきませんでした。そういう意味で、「観光立国」を実現するうえで今後の伸び代として私がもっとも期待しているのが、「自然を活用した観光」です。

私はこれまで、観光の4条件を「自然・気候・文化・食」と言ってきましたが、自然がいちばん最初に来ているのは、たまたまではありません。

図表4-1をご覧ください。

観光庁の「訪日外国人消費動向調査」では、訪日外国人観光客を対象に、「今回の訪日でしたいこと」「次に来たときにしたいこと」をアンケートしています。それによりますと、**「今回の訪日でしたいこと」のなかでは、「自然・景勝地観光」が第4位**と、優先順位が高くなっています。さらに、**「次回したいこと」となると、自然・景勝地観光は第2位**まで順位を上げています。

この調査によると、観光客にとって文化・歴史も魅力的ではあるものの、自然・景勝地観光は歴史・文化の約2倍も「したい」と思われているのです。

もうひとつ、おもしろいデータをご紹介しましょう。

図表4－2は、東京都産業労働局観光部が行った調査をもとにしたものです。実に賢い調査で、都民が外国人に体験してほしいことと、外国人が東京で体験したいことを比較したものです。

これによると、都民は外国人に**和食、伝統、温泉**をもっとも楽しんでほしいと考えており、これらについては外国人も同様です。当然ながら、外国人はそれらを体験するのを楽しみにしています。

一方、都民が気づいていない分野として、**自然、街歩き、**

図表**4-1**　訪日観光でしたいこと（%）

	今回（A）	次回（B）	（B－A）
日本食を食べる	96.1	58.0	−38.1
自然・景勝地観光	66.4	45.4	−21.0
ショッピング	83.4	45.2	−38.2
温泉入浴	36.7	42.1	5.4
繁華街歩き	73.3	30.7	−42.6
四季の体感	11.6	30.6	19.0
旅館に宿泊	34.0	28.4	−5.6
歴史・伝統文化体験	24.4	25.7	1.3
日本酒を飲む	43.2	22.6	−20.6
日常生活体験	23.1	22.6	−0.5
テーマパーク	20.7	22.2	1.5
美術館・博物館	20.5	18.2	−2.3
スキーなど	2.7	17.1	14.4
自然体験ツアー・農漁村体験	6.9	16.2	9.3
ポップカルチャーを楽しむ	14.8	15.0	0.2
舞台鑑賞	4.3	13.2	8.9
映画・アニメゆかりの地訪問	4.8	11.0	6.2
スポーツ観戦	1.8	10.3	8.5
その他スポーツ	1.7	6.9	5.2
治療・検診	1.2	3.9	2.7

出所：観光庁「訪日外国人消費動向調査（平成28年年次報告書）」より筆者作成

図表**4-2**　**都民と外国人の意識の違い**

都民への設問：あなたが、「東京」を訪問する外国人に、体験したり、購入したりしてほしいと思うことを以下よりお選びください。（いくつでも）

海外市民への設問：今後、日本の「東京」に訪問したと仮定した場合に、あなたはどのような活動をしたいと思いますか。これまでに行った活動も含め、今後も行いたい活動全てをお答えください。（いくつでも）

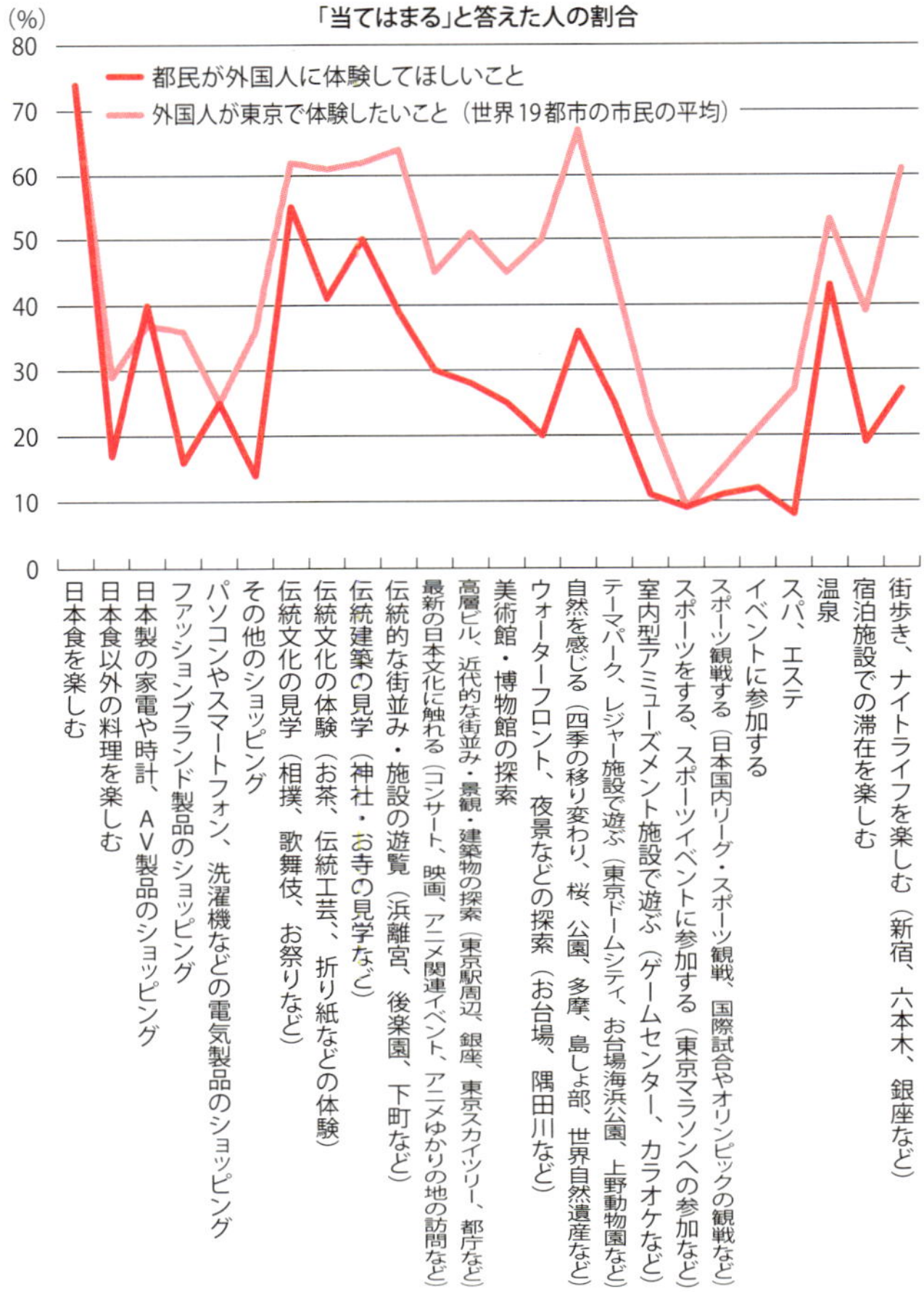

出所：都民に対するウェブアンケート調査、海外市民に対するウェブアンケート調査

ナイトライフと夜景などがあります。特に自然は、東京であるにもかかわらず外国人が和食の次に楽しみたいと思っているのです。これらについては、都民と外国人の認識が大きく乖離しています。

多様な自然が「宝の持ち腐れ」になっている

日本では、自然はお金にならないと言われることがありますが、それは世界の常識に反しています。**自然こそ、「稼げる観光資源」**なのです。もちろん**見せるだけではお金になりませんが、体験、アクティビティ、ホテルなどを工夫することで、「もっとも稼げる観光資源」に変貌させることができます**。

実際、日本では自然のなかで、多種多様な体験ができます。川下り、沢登り、ハイキング、釣り、狩り、山登り、バードウォッチング、お花の鑑賞、カヤック、サイクリング、乗馬……例を挙げたらきりがありません。今、世界では、スキーだけではなく、このような自然を体験する観光は非常に人気があります。

自然を使った体験観光には、巨大な可能性があります。**それは滞在型だからです。自然体験では、滞在時間の長いものが比較的簡単につくれますので、宿泊日数が伸び、支出額が増える**のです。

さらに、**自然は文化と比べて、誘致できる層が厚い**という特徴もあります。

特に、**若い人が興味をもちづらい文化観光に比べて、自然観光は若い人の呼び込みに有効**です。スキーはその典型的な例です。スキーは若い層も呼べますし、宿泊をともなう可能性も高いです。

観光は総合力が勝負ですから、地方にとって、自然体験、特に自然のなかでできるアクティビティと文化、食を組み合わせた観光は理想的でしょう。

日本では、スキーを除いて、自然を使うアクティビティが十分に育っていません。だから自然はお金にならないと思っているのかもしれませんが、それはお金にならないのではなくて、お金にしようとしてこなかっただけです。

観光立国を実現するには多様性が大切ですから、もちろん歴史・文化を欠かすことはできません。しかし、**自然は今から大きく力を入れるべき観光資源**だと思います。

その理由のひとつとして、訪日外国人観光客の年齢分布を見てみましょう。

図表４−３は、観光客の年齢分布を国別に示したものです。これによると、**まだそれほど歴史・文化に興味がわかないであろう20代までの外国人観光客比率は、35・2％**です。**30代まで含めると、その比率は65・2％**にまで高まります。

この年齢構成を見ると、自然体験への興味が強い観光客が多いこともうなずけます。

これまで日本が海外の観光

図表**4−3**　訪日外国人観光客の年齢分布（%）

	男性	女性	10代	20代	30代	40代	50代	60代	70代以上
韓国	51.9	48.1	5.0	39.8	25.1	15.3	9.2	4.3	1.3
台湾	42.5	57.5	4.0	24.8	31.8	22.3	11.4	4.9	0.8
香港	43.2	56.8	5.0	25.8	28.0	24.5	12.7	3.7	0.3
中国	41.4	58.6	4.6	31.3	34.7	17.3	8.0	3.5	0.4
タイ	46.2	53.8	5.8	27.8	35.4	19.5	8.7	2.3	0.3
シンガポール	52.8	47.2	1.4	27.0	21.4	26.9	13.7	7.3	2.2
マレーシア	52.9	47.1	2.3	30.7	32.7	18.5	10.7	4.4	0.7
インドネシア	52.9	47.1	4.1	30.3	31.5	20.5	9.6	2.9	1.1
フィリピン	44.6	55.4	4.0	30.0	29.5	21.2	11.3	3.5	0.8
ベトナム	55.9	44.1	4.3	33.7	35.9	11.7	9.1	5.3	0.0
インド	86.3	13.7	1.3	26.9	35.5	21.1	9.1	5.2	0.9
イギリス	70.3	29.7	3.0	25.9	23.1	20.5	16.3	9.0	2.1
ドイツ	75.2	24.8	4.6	22.5	28.7	22.9	15.3	4.5	1.5
フランス	69.0	31.0	5.3	30.8	26.6	19.8	10.6	4.9	2.0
イタリア	69.2	30.8	2.1	21.9	38.6	21.7	10.2	3.8	1.6
スペイン	66.9	33.1	2.1	21.2	49.0	17.3	7.2	2.4	0.9
ロシア	54.4	45.6	6.2	28.5	31.9	18.4	9.4	4.3	1.1
アメリカ	68.2	31.8	3.1	25.0	23.5	19.5	16.7	9.0	3.3
カナダ	66.1	33.9	4.2	26.3	20.9	17.4	15.6	11.6	3.9
オーストラリア	58.8	41.2	4.3	35.4	20.6	16.2	11.1	9.7	2.8
平均	48.5	51.5	4.4	30.8	30.0	18.9	10.3	4.6	1.0

出所：JNTOデータより筆者作成

客に対して行ってきた情報発信を振り返ってみると、桜や富士山以外の日本の大自然、特に大自然でできるアクティビティをアピールしたものは、本当にわずかしかありません。文化財などでは次第に進められている基本的な観光整備も、ほとんど行われていません。**世界でも稀に見る多様性をもち、大きな潜在能力を秘めている「自然」が、宝の持ち腐れになってしまっている**のです。

「データで見る自然資源の過小評価」

これもデータからうかがえます（図表4-4）。

WEFのデータでは、日本の自然資源の魅力度ランキングは第26位。ドイツに次いで、観光収入が多い国のなかで下から2番目とい

図表**4-4**　自然資源の魅力度ランキング

	ランク	点数	世界自然遺産数	総生物種数	自然保護地域の割合	環境ツーリズムに対する検索の多さ	自然環境の質の高さ
スペイン	9	4.9	11	68	29	9	23
フランス	13	4.8	16	69	34	7	48
ドイツ	35	4.0	19	86	9	53	56
日本	26	4.3	11	60	56	20	66
イギリス	16	4.6	10	113	26	5	122
アメリカ	10	4.9	3	13	84	32	49
オーストラリア	6	5.2	1	21	80	12	22
イタリア	12	4.8	11	71	50	6	57
タイ	7	4.9	30	18	57	1	19

出所：WEFデータより筆者作成

う低さです。「自然環境の質の高さ」が第66位と足を引っ張っていますが、これは整備が不十分だからです。

もうひとつ注目したいのが、**「環境ツーリズムに対する検索の多さ」が第20位と、かなり低い**ことです。検索については、2つの理由が考えられます。

ひとつは単純に「興味がない」ということですが、先ほどの「したいこと」のデータを見れば、それは考えられませんので、別の理屈があるはずです。

検索するためには、**「検索してみよう」と思わせるような情報発信があることが大前提**です。しかし、JNTOのホームページなどを見ても、やはり日本は自然資源より文化資源の発信が中心となっています。

このように、検索が少ないのはアピールが足りないことが影響していると考えられます。発信しないと検索されようがありません。

これほど関心が強く、資源に恵まれているのに、**自然の魅力度ランキングが第26位というのは、「宝の持ち腐れ」以外の何物でもありません**。至急改善に取り組んでいくべきところでしょう。

日本の自然の魅力は四季だけではない

ちなみに、なぜ日本の自然が多様性に富んでいるのかという話になると、「日本は春、夏、秋、冬という四季の恵みがあるから」と主張する方がいますが、これは誤りです。

四季がある国など、世界中にたくさんあります。

アジアのなかでは珍しいかもしれませんが、春はうららかで、夏は暑く、秋があって冬が寒いというのは、何も日本だけの特徴ではありません。また、北海道や沖縄、さらに軽井沢などの避暑地を見れば、日本で考えられている四季というものが日本全国津々浦々にあてはまるわけではないことがわかります。

にもかかわらず、「ここまで美しい四季があるのは世界でも珍しい」「日本では四季の移り変わりを大切にする」という主張が多いのは、日本文化を代表する地・京都の四季の景色を指しているからではないでしょうか。

科学的かつ客観的に見て、日本の美しい自然と「四季がある」ということには、大きな因果関係はありません。

特に、**初めて日本を訪れる外国人観光客がしたいことのなかで、「四季の体感」は11・6％しかない**ことを重視する必要があります（図表4－1）。2回目に30・6％まで上がることはいいことですが、それでも、**「四季の体感」より「自然・景勝地観光」をしたいという意見のほうが多い**ことには変わりありません。

「災害」が日本の自然の多様性を育んだ

少し話が横道にそれますが、ここで昨年聞いて私が感動した話をご紹介させてください。それは、何が日本の自然にここまでの多様性をつくりだしているのかということです。

昨年、環境省の国立公園満喫プロジェクトの委員としていくつかの国立公園を視察した縁で、パークレンジャーの方と交流をもたせていただいているのですが、彼らの回答が非常にわかりやすく、かつ目から鱗の内容でしたので、ここで紹介しましょう。

私の専門分野ではありませんので、専門家から見ると多少違う部分があるかもしれない点については、ご了承いただければ幸いです。

パークレンジャーの方曰く、**日本の美しい自然をつくりだしているのは、「自然災害」**だそうです。

実は**日本ほど自然災害の多い国は、そうはありません**。定期的に大きな地震が起きていますし、火山も多いです。梅雨もありますし、地理的にも毎年のように台風が直撃します。これらの自然災害は人間だけではなく、そこに生息する動植物にも、ある大きな影響を与えます。それは**「森林が完成しない」**ということだそうです。

自然環境がまったく変わらないと、弱肉強食ではありませんが、生物的に強い種が弱い種を駆逐して、どんどん勢力を増していきます。

しかし、定期的に大規模な自然災害に見舞われる日本ではそうはいきません。溶岩が流れてきたり、土砂崩れが起きたり、鉄砲水が発生したりすれば、どんなに強い種もあっという間に駆逐されてしまいます。そうなると、それまで隅に追いやられてきた別の種が台頭するチャンスがめぐってくるのです。

災害のあとは、それまでの環境が激変します。この新しい環境に適応できた種がどんどん増えて、それまで強かった種と力関係が入れ替わります。その後、新たな種がつくった環境に適応できる別の種が増え、サイクルは完成に向かいます。

このような新陳代謝が繰り返されるので、弱い種も絶滅しません。このようなことが何千年、何万年も繰り返されてきたことで、他の国では見られない多様性に富んだ自然ができあがった、と言うのです。

たしかに、森林を見れば納得です。

ヨーロッパやアメリカの森林は、同じ種類の木が延々と広がっています。地震も火山も台風もそれほどないので、強い植物がどこまでも勢力を広げているのです。

しかし、日本の森林はどうでしょう。人工森林を別として、強い種が定期的に災害で駆逐されているので、同じ森のなかでもさまざまな植物が生息しているのです。

もちろん、自然の専門家からすると決して完璧な説明ではないかもしれませんが、私としてはこれまで聞いた日本の自然についてのレクチャーのなかでもっともわかりやすく、もっとも納得感があり、もっとも感動した内容でした。

長年、なぜ日本の自然がこれほど多様性に富んでいるのか不思議でしたが、その疑問がすべて消え去りました。

やはり、きちんと解説してもらって理解できると、感動するものです。日本に来てからの28年間、私がその感動と理解を与えてもらっていなかったことが残念でなりません。観光立国を考える上で、ここに大切なヒントがあると思います。

文化財の世界と一緒ですが、**日本の観光資源は説明を受けるとその良さが伝わり、その奥深さに驚き、感動がわいてきます**。しかし、それがわかる専門家がいるにもかかわらず、その知識はこれまで解説されてきませんでした。

観光立国になれるかどうかは、ここがカギです。

自然で「街並み」をカバーする

このように世界でも稀に見る多様性に富んだ自然が、観光資源として大きな武器になることは言うまでもありません。

それにくわえて、この武器をフル活用することは、日本の観光戦略的にも非常に重要な意味があります。**「自然」を打ち出すことで、日本の弱点である「街並み」をカバーできる**からです。

厳しいことを言わせていただくようですが、**日本の街並みは美しいとは言い難い惨状**です。ゴミが落ちている、落ちていないというような次元の話ではなく、日本の都市から、外国人観光客が日本の魅力を感じるような「観光資源」となる歴史的建造物がほとんど消えてしまっているからです。

この傾向は東京、大阪のような大都市はもちろん、地方都市でも伝統的な建物が保存されることなく、ビルや駐車場、商業施設に建て替えられています。

唯一、日本の伝統的な街並みが残っていると言われる京都に関しても、京町家はどんどん取り壊されて、何の美しさもない近代的なビルに変わっており、外国人観光客が来日前にガイドブックやインターネットで見た「ＫＹＯＴＯ」のイメージどおりの街並みは花見小路通の南側程度、市内でもほんの限られたスペースしか残っていません。

ネットの感想を見ると、「騙された」「想像と違う」と失望する外国人観光客も多いようです。

残念なことに、いまだに京都の街並みが毎日のように破壊されています。京町家友の会会長として、一刻も早く規制すべきだと思いますが、行政も動きません。

このような**「街並み」の残念さを打ち消すだけの魅力をもっているのが、日本の「自然」**なのです。

「文化のアピール」だけでは限界がある

今の日本が自然という「武器」をフル活用しているのかというと、そうとは言えない現実があります。これまでお話をした日本の観光と同様に、**「自然」に関しても、本来もっている潜在能力が引き出されていない**というのが現実なのです。

なぜそんなことが言えるのかというと、先ほど申し上げたとおり、昨年（2016年）から環境省の「国立公園満喫プロジェクト」の委員を務めているのですが、その関係で美しい自然を有する国立公園へ視察に行く機会があるからです。

そのたびに、「自然」という観光資源を活かしていない、「宝の持ち腐れ」とも言うべき惨状を目の当たりにしているのです。

そのように言うと、たしかに「自然」も美しいが、やはり日本といえば「日本文化」なんだから、まずはそちらを世界にアピールすべきだと反論する方がいます。

先述したように、これまでの海外への情報発信を見れば、日本人が主に「文化」をアピールしてきたことは明らかです。国内の観光でもそうかもしれません。

地方のお祭り、国宝・重要文化財、大河ドラマで描かれた歴史的事件の舞台になったというPRもこれにあたります。データを見ても、この成果が確認できます。

図表4-5はWEFが発表している文化資源ランキングです。**日本はスペインやフランスに次ぐ、堂々の第4位**です。日本文化の魅力は、海外にもしっかりと伝わっていると言えるでしょう。質のところではまだ改善の余地はありますが、海外でも広く認識されていることは間違いありません。

歴史・文化はたしかに日本が誇る「強み」のひとつではあります。ただ、だか

図表4-5　世界文化資源ランキング

	ランキング	点数	世界文化遺産数	口承・無形遺産数	大規模スポーツスタジアム数	国際会議開催数	文化・娯楽ツーリズムに対する検索の多さ
スペイン	2	6.8	2	4	14	4	2
フランス	3	6.7	3	5	15	5	1
ドイツ	6	6.3	4	56	8	2	6
日本	4	6.5	11	2	4	8	5
イギリス	7	6.0	8	93	6	3	4
アメリカ	13	4.8	21	93	1	1	18
オーストラリア	11	5.0	47	93	6	15	11
イタリア	5	4.7	1	22	10	6	7
タイ	37	2.8	61	93	43	28	17

出所：WEFデータより筆者作成

らといって**それが万人に支持されるものではない**ということは、日本ではまだ十分に理解されていません。

たとえば、1億2700万人いる日本人のなかで「茶道」をやっているのは300万人と言われており、人口比でいえばわずか2・4%にすぎません。世界に誇るというわりには、ほんのひと握りの日本人だけのものだという「現実」があるのです。

また、「世界に誇る日本文化」を長年、海外へ発信して、この分野のランキングは相対的に高かったにもかかわらず、十数年前まではわずか400〜500万人程度の訪日外国人観光客しか来ていませんでした。

短期滞在なら文化観光だけでいいかもしれませんが、欧州からの観光客のように平均11・6日も滞在するとなると、文化観光だけでは飽きると言いますか、肩が凝ると言いますか、とにかく厳しいと思います。他の観光資源と組み合わせるべきです。

欧州でもかつては文化観光が発信のメインでしたが、いまはそれを**「ABC観光」**と呼んでいます。ABCとは「**Another Boring Church**（次の退屈な教会）」という意味です。やはり、どんなにすばらしい文化財でも連続して見ると退屈に感じられます。

もちろん文化観光は絶対に必要ですが、このことからもわかるように、**外国人観光客という**

のは「歴史・文化」だけを求めているわけではないのです。東京都の分析（図表4－2）にありましたように、文化観光がメインになるというのは、日本人目線の発想なのです。

さらに言わせていただけば、文化庁の予算が1000億円程度しかないこの国を、果たして本当に「文化大国」と呼んでいいのかという疑問もあります。

文化観光の発展には、長期滞在をする欧・米・豪からの訪日客、それも文化に関心が高い40代以上を増やすことが大切です。現在は、こういった人々は、それほど日本を訪れてはいません。

「自然保護」のためにも観光整備が必要

すでに認知されている歴史・文化と比較して客観的に見れば、自然の観光資源化には大きな可能性があります。

沖縄のビーチや雪国のスキー以外、日本はまだそれほど自然をアピールしていません。富士山は世界遺産にも登録され、歴史・文化の観光資源として整備が進められていますが、ほかの山々はほとんど整備がなされていません。

WEFの調査にありましたように、日本の「自然観光資源の質」は世界第66位です。これは「どれだけ整備されているか」を評価したデータで、全体の順位である第26位に大きく影響しています。

国立公園も同様で、ボーイスカウトが自然教室を行ったり、団体客がキャンプをしたりすることが前提の「昭和の観光整備」で終わってしまっています。

それを象徴するのが、最近視察した北海道阿寒にある「マリモ展示観察センター」です。展示モニターのほとんどが、なんとブラウン管でした。

私に言わせれば、**日本の国立公園は、新しい時代に見合う観光資源に生まれ変わらせるため、手をつけなければいけない点が山ほどある、「改善点の結晶」とも言うべき状況**です。

たとえば、**座る場所・休憩場**です。

人を滞在させることが観光産業の基本なのに、国立公園にはあまりにも座って休む場所がありません。あるいは自然をなるべく損ねないという配慮が働いているのかもしれませんが、外国人観光客が訪れるというだけではなく、これから日本も高齢化が進みますので、国立公園をより広い層に利用してもらい、長く滞在してもらうことを考えると、このような整備は基本中の基本と言えましょう。場所によっては、メンテナンスが必要な整備をしたくないということが原因なのかもしれません。そうだとすれば、それはお金をかけたくないという「昭和の観光業」の名残と言わざるをえません。

また、視察に行ってビックリしたのは、座る場所・休憩場があったとしても、ロケーションや景色のことを考慮せずにつくられているものが多い点です。美しい海岸線に背を向けるようにつくられていたり、駐車場のほうを向いていたりということがよくあります。**自然の風景を楽しむという「客」の視点があまりにも感じられない**のです。きわめてもったいない場所がほとんどでした。ゴミ対策やトイレの整備も、改善点として挙げられます。

自然保護という観点からこのような整備をしたくないというのは、感情的には理解できます。しかし、これらの**整備をしないことで、かえって自然を損ねてしまう**という皮肉な結末になるのは、富士山を見ても明らかです。

毎年多くの登山客が訪れる富士山では、1990年代からトイレ不足問題が深刻化し、登山客のし尿とトイレットペーパーが山肌にこびりついた「白い川」ができるほど深刻な問題になりました。

その後、NPO法人などの活躍もあって問題は解決し、2002年からは環境に優しいトイレが設置され、現在は50近いトイレがありますが、それも限界にきています。

富士山をひと握りの自然好きな人々が訪れる未開の地にしておくのなら、このような整備をする必要はありません。しかし「世界遺産」になった以上は、世界中の観光客が訪れるような整備をしなくてはいけません。

「世界遺産」という肩書きは欲しいが、整備はしたくないので観光客は我慢せよという論理は通用しないでしょう。

富士山にある山小屋は、日本の国立公園の問題の象徴です。

予約をして、お金を払っているのに、寝る場所は横にならないと入れない狭い場所だけ、知らない人と身を寄せ合って寝なければならないというのは、学校やボーイスカウトならわかりますが、世界遺産、観光立国、世界第2位の先進国にふさわしい状況でしょうか。

付加価値があるか、生産性が高いかどうかで判断すべき話だと思います。

自然ツーリズムに必要なのは専門家のための解説ではない

これは「国立公園」全般も同様です。

人々が訪れて自然を体感し、美しい風景を見る以上は、トイレやゴミ箱を最低限整備しなくてはいけませんが、私が視察した国立公園は十分とは言えません。

特にゴミ箱に関してはかなり未整備で、「ゴミはお持ち帰りください」という看板で対応しているだけというところも多いです。

国立公園を観光資源化するということは、さまざまな国から客が訪れるということですので、このようなルールが機能するとはとても思えません。少なくとも入り口や出口くらいにはゴミを受け入れる場所をつくっておくべきでしょう。やはり、**今のゴミ箱の考え方は日本人観光客を前提とした日本人目線**です。

このような基本中の基本だけではなく、観光立国を目指すうえで必要な整備も十分とは言えません。

たとえば、国立公園には、そのエリアの地形や地質など自然の特徴や、そこに生息する動植物の情報を展示・解説している「ビジターセンター」という施設があります。まさしく「自然ツーリズム」を楽しむための拠点とも言うべき重要な施設なのですが、その「解説」に大きな問題があります。

私が今まで見た解説は情報量が少なく、そのわずかな情報も「専門家目線」で発信されていることが多いのです。

この問題は**外国語対応をしたとき、特に顕著に浮かび上がります**。

植物や動物の名前が、英語ではなく、学名であるラテン語のままで表現されたりしているので、専門家以外にはちんぷんかんぷんなのです。これは『新・観光立国論』のときから繰り返し指摘している文化財の解説にも通じます。

ネイティブチェックが機能していないという以前に、**とにかく「客」は誰で、その「客」に何を知ってもらい、何を感じてもらうかという発想がごっそりと抜け落ちてしまっている**のです。

「客」の立場に立った解説を

では、どうすべきか。私が特別顧問を務めている京都二条城ではこれまで、歴史的背景、各部屋の使い方、歴史的な事件など、さまざまな趣味をもった人に興味をもってもらうため、情報の種類を多様化して展示しています。

これまで二条城は国宝ということで、「800枚の畳が敷かれている」というような情報くらいしか解説されていませんでした。

神社では「権現造」や「海老虹梁」などという専門用語を用いて、建築物としての解説がなされているだけでした。建築家や建築の専門家の視点を基準にしていたのです。

そのような専門的な情報がすべて不要だなどと申し上げるわけではありませんが、さまざまな知識レベルの観光客が楽しめる観光資源にするためには、そのような情報だけでは困ります。**もっと多面的に解説し、子供から外国人まで幅広い層が理解してもらえる、そしてそこにいることを楽しんでもらえる環境を整備することで、客層を広げることができる**のです。

要するに、情報量の問題ではなくて、**観光客が楽しく観光するために有益な情報かどうか**を判断して提供する必要があります。

考え方は国立公園も変わりません。

多くの客層に楽しんでもらうためには、専門家的な解説だけではなく、植物、動物、地形など多種多様な情報をわかりやすく、受け入れやすく提供することが求められるのです。情報を整備する際には**「So what? テスト」**を実施することが重要なのですが、これは次の第5章で詳しくご説明します。

文化財同様、国立公園もこれまでの「昭和の観光」を念頭にして整備されていました。つまり、団体客や、専門家の研究や、子供たちの学習や体験教室に用いられることを意識した整備です。

これまではそれで問題なかったでしょうが、少子高齢化社会、人口減少時代、インバウンド戦略などを考えると、新しい観光時代に合った形に再整備する必要性を感じます。

国立公園の、時代に合わない設備

また、国立公園が今のような状況になってしまった理由のひとつに、**宿泊施設の需給のミスマッチ**があることも大きいと考えています。

そもそも、日本の「国立公園」は昭和6年にさかのぼる、80年以上の歴史ある制度です。環境省の「国立公園の歴史」を見ると、当初は名所、旧跡、伝統的な景勝地や、太古の自然が残る雄大な自然の保護のためにつくられました。

それが戦後になると、「居住地に近接したレクリエーション適地」という目的での整備が本格的に始まります。ちなみに、この時期に認定されたのが、伊勢志摩、支笏洞爺、上信越高原、秩父多摩、磐梯朝日などの国立公園です。

このような歴史を振り返ってみれば、**「国立公園」というものは、そのエリアに住む人たちが押しかけてキャンプをしたり散策したりするためにつくられたもの**だということが浮かび上がります。

当時は人口が右肩上がりで増えていた時代です。このような「近隣住民のためのレクリエーション場」の整備が急務でした。戦争が終わったばかりで、それほど社会に娯楽もありませんでしたので、「自然」は観光資源というよりも、国民のレクリエーションの場だったのです。

これは1956年、日本の登山隊が初めてマナスルの登頂に成功したことも無関係ではありません。

戦後の日本国民を勇気づけたというと、1964年の東京オリンピックが有名ですが、実はこのマナスル登頂によって登山ブームやキャンプブームが起きるなど、「レクリエーション」に対する意識に大きな影響を与えました。

そこへくわえて、小中学校の修学旅行や林間学校で、「自然」のなかで共同生活をするというカリキュラムも急速に普及していきました。全国の「国立公園」が整備されていくのは、まさしくそんな時代だったのです。

国民のレクリエーション場や子供たちの教育の場という役割を担っていた国立公園に何よりも求められたのが、「より多くの人を無償で一度に受け入れる」という点だったというのは、説明の必要はないでしょう。

休日になると、多くのファミリー層がキャンプや散策に押しかけ、平日はいくつもの小学校が自然教室に訪れる。このような**「一極集中」をさばくという考え方で、「国立公園」の施設は整備されていきました。**

国立公園のキャンプ場は、なぜこれほど酷いのか

それを象徴するのが**「キャンプ場」**です。

国立公園を視察してみると、キャンプ場の設備の古さが目立ちます。トイレも浴室もきわめて古い。洗い場では水しか出ないことも多く、調理場は飯盒炊さんをするための石の竈があるだけ。今流行している、高級ホテル並みに豪華で快適なサービスが受けられる「グランピング」の施設や、ファミリー層が多く訪れるオートキャンプ場などとはあまりにかけ離れた、前近代的な施設のままなのです。

さらに私が驚いたのは、テントを張るスペースです。駐車場のように区画された場所で、それぞれ与えられる面積が小さいので、**ここにテントを張ると、さながら戦後に多く見られたトタン長屋のような感じになってしまう**のです。これは視察したどの国立公園でもみな同じ傾向でした。

現在の観光整備のイメージを抱いている私にとって、なぜこのような光景が広がっているのか、まったく理解できませんでした。

国立公園の雄大な自然のなかには、極端な話、スペースなどいくらでもあります。にもかかわらず、なぜこのように1カ所にテントを密集させるのでしょうか。

国立公園を訪れる人は「自然」を楽しみに訪れているわけですから、**満員電車のように隣の人たちと肩を寄せ合いながら野外生活をさせるのは、完全に本末転倒**でしょう。

その疑問を国立公園のキャンプ場を管理している方たちにぶつけたところ、これは**「修学旅行に対応した整備」**だということがわかりました。

ご存じのように、修学旅行というのは、多くの子供たちを数人の先生たちが引率しています。そこで事故を防いだり、単独行動をさせたりしないためには、子供たちを1カ所に集めておくことが重要になってきます。それはテントを張るときも同じで、いろいろな場所で寝させるよりも1カ所で寝させたほうが、見回りをする先生たちからするとはるかに効率的です。

かといって、テントの大きさには限界がありますので、結局、複数のテントを規則的に並べるというスタイルにおちついたのです。

また、このような**「修学旅行に対応した整備」は、休日に押しかけるファミリー層にも応用できました。**たくさんの家族が、広大なキャンプ場内で自由にテントを張ったら、ユーザーとしては自然を満喫することができますが、管理や見回りをする側としては効率が良くありません。1カ所にテントを張らせて、1カ所で寝させれば、後片付けも掃除も1カ所で済みます。

つまり、**駐車場のように区画されたキャンプ場は、「一極集中」をさばくという「昭和の観光業」の思想に基づいて整備されたもの**なのです。

キャンプ場も「将来の観光」を意識せよ

前章でも指摘させていただいたように、このような整備は人口が右肩上がりの時代にはうまく機能しましたが、現在では通用しなくなっています。

子供も減っていますので、修学旅行客もかつてほど押しかけません。さらに、地方は人口減少が顕著ですので、週末になったからといって、前近代的なキャンプ場を訪れるファミリーも少なくなっています。さらに言えば、お父さん、お母さん、そして子供という構成の家族自体が減少しています。

このような時代の変化のなかで、駐車場のように区画されたキャンプ場にどれだけニーズがあるのかといえば、かなり厳しいと言わざるをえません。

ではどうすれば良いのかというと、前章の箱根の芦ノ湖ではありませんが、「昭和の観光業」から脱却して、大量の修学旅行客やファミリー客をさばくという発想から、**観光客1人ひとりの満足度を高めていく場所へと生まれ変わるべき**なのです。

つまり、**修学旅行を基準とした設備を、大人や外国人が大金を払って来るに値するだけの設備に変えていく**ということです。

これは日本の観光整備全体にもあてはまります。

ホテルを含めた現在の設備は、連休や夏休みの団体客を意識したものです。長時間のフライトを経てやってきた外国人観光客や、より高品質なサービスを求める日本の観光客は、到底満足できません。

1990年代からスタートした東京の再開発のように、地方の設備にも大規模な再開発が必要となってきているのです。

自然ツーリズムの「時間がかかる」というメリットを活用せよ

「自然」の楽しみ方は人によって異なります。

キャンプだけではなく、トレッキングをしたい人もいるでしょうし、乗馬やマウンテンバイクを楽しみたい人もいるでしょう。湖や川があれば、釣りやカヤック、ラフティングを楽しみたいという人もいます。北海道などの国立公園であれば、スキーやスノートレッキングなどを楽しみたい人も多いでしょう。

つまり、**多種多様なニーズに対応できるさまざまな体験型のアクティビティを整備しなくてはならない**のです。

実はこれこそが、日本が「自然観光」を打ち出すべきもうひとつの理由です。ご存じの方も多いと思いますが、中国人観光客の「爆買」がひと段落して、文化財観光や着物の着付け、職人の技術を見学するなど、「体験型観光」へと移行しています。

これは日本がもっている観光大国の4条件である「文化」の潜在能力が引き出されてきた証左とも言えるもので、非常に喜ばしいことではありますが、**「文化」における「体験型観光」には**

ひとつ弱点があります。

それは、**「滞在中に毎日、長い時間やれるものではない」**ということです。

日本にやってきた理由が、職人技術を見たい、着物の着付けを習いたいという特殊な人でないかぎり、日本滞在中に毎日、伝統文化の体験をしようという人は少ないでしょう。

ほとんどの外国人観光客はさまざまな名所を観光したり、食事やショッピングをしたりという周遊観光の合間に、「日本の伝統文化も体験する」という感じで、**あくまで選択肢のひとつという位置づけをする**はずです。また、文化体験の滞在時間は自然に比べて限られます。

しかし、**「自然」のなかで行う「体験型観光」は、もっと時間がかかります**。

スキーやキャンプは1日がかりですし、トレッキングや川下りもどんなに短くても半日はかかります。食事やショッピングの合間に気軽に行うというものではなく、むしろ**完全に観光の「主役」になりうるもの**なのです。

しかも、この分野が好きな人は、1日だけではもの足りません。アメリカの国立公園やヨーロッパのスキーリゾートが典型的ですが、**本当に好きな人は数週間滞在するだけではなく、その地の自然に魅せられてリピーターになることも珍しくない**のです。

つまり、**「自然」のなかで行う「体験型観光」を整備することは、長期滞在型の観光客やリピーターの獲得につながる**のです。

「体験型観光」の一番のポイントは、より多くのお金を落としてもらえることです。

文化財、美術館などはある程度の対価が期待できますが、観光客の落とすお金の総額はきわめて限られます。

一方、サイクリング、ダイビング、トレッキング、バードウォッチングなどの「自然体験」は、はるかに多くの対価が期待できます。

はとバスの社長によりますと、日本人観光客が支払う1時間あたりの対価は、おおよそ1000円だそうです。ということは、**アクティビティを充実させることで1時間の滞在時間を2時間に増やすことができれば、2倍の対価をとれる**ということです。

これは、食事を考えるとわかりやすいかもしれません。

15分で食べるファストフードよりは、3時間以上かかる懐石料理のほうが高価格です。もちろん提供される食事そのものの違いもありますが、それだけでは説明ができません。「15分で食べる懐石料理」に高いお金を払う人は少ないでしょう。

同様に**「自然体験」も、文化体験よりも長い時間を必要とするので、必然的にそこで落としてもらえる対価が高くなる傾向がある**のです。

やはり、支払っていいと感じる金額には、時間の単価も反映されるのです。

国立公園は「上客」誘致に最適

実はこのあたりこそが、日本が「観光大国」になるうえでさらなる整備をしなくてはいけない重要なポイントです。

『新・観光立国論』でも繰り返し指摘しましたが、「観光大国」になるためには国際観光客数だけではなく、国際観光収入を上げていくことも求められます。こちらに重きを置いた戦略を実行しているのがアメリカやイギリスだというのは、前述したとおりです。

国際観光収入を上げていく観光戦略は、**長く滞在してより多くのお金を落としてくれる「上客」をどれだけ捕まえることができるか**にかかっています。

現在、**日本の観光業者の多くは、「爆買」の中国人観光客を「上客」だととらえていますが、それは「昭和の観光業」の思想を引きずっているがゆえの誤解**です。**真の「上客」というのは、**

世界ランキング		1人あたり支出金額
81	アルゼンチン	767
82	マルタ島	764
83	ルーマニア	762
84	ベラルーシ	754
85	ガーナ	749
86	ホンジュラス	711
87	クロアチア	696
88	オーストリア	685
89	マレーシア	684
90	ザンビア	678
91	トルコ	674
92	ナイジェリア	673
93	ベネズエラ	671
94	ギリシア	664
95	エジプト	664
96	カンボジア	655
97	ケニア	649
98	デンマーク	645
99	ウルグアイ	641
100	モロッコ	590
101	エルサルバドル	583
102	ポーランド	582
103	モンテネグロ	578
104	サウジアラビア	563
105	リトアニア	554
106	メキシコ	553
107	アイルランド	544
108	フランス	544
109	エストニア	543
110	チェコ	543
111	チリ	538
112	エチオピア	512
113	ボツワナ	482
114	ブータン	458
115	ミャンマー	447
116	ラトビア	442
117	ジンバブエ	431
118	ブルガリア	430
119	ニカラグア	382
120	ハンガリー	373
121	カザフスタン	356
122	スロバキア	347
123	ルワンダ	343
124	ジブチ	333
125	パキスタン	326
126	ロシア	270
127	チュニジア	253
128	ラオス	192
129	モザンビーク	124
130	ウクライナ	87

出所：UNWTOの2015年データより筆者作成

図表**4-6**　滞在地別の国際観光客1人あたり支出金額（ドル）

世界ランキング		1人あたり支出金額	世界ランキング		1人あたり支出金額
1	レバノン	4,517	41	コスタリカ	1,250
2	オーストラリア	3,951	42	モーリシャス	1,243
3	ルクセンブルク	3,817	43	ポルトガル	1,239
4	ニュージーランド	3,214	44	英領バージン諸島	1,232
5	フランス領ポリネシア	2,772	45	アイスランド	1,225
6	アメリカ	2,639	46	日本	1,205
7	インド	2,618	47	アゼルバイジャン	1,201
8	クウェート	2,520	48	ベリーズ	1,196
9	マダガスカル	2,352	49	スウェーデン	1,163
10	マカオ	2,188	50	韓国	1,155
11	モルジブ	2,080	51	ジャマイカ	1,121
12	米領バージン諸島	2,047	52	ドミニカ共和国	1,093
13	中国	2,006	53	セント・ルシア	1,081
14	タンザニア	2,004	54	ヨルダン	1,080
15	パナマ	1,991	55	プエルトリコ	1,080
16	イスラエル	1,916	56	グアテマラ	1,079
17	セント・マーチン島	1,853	57	ドイツ	1,054
18	バーミューダ	1,755	58	フィンランド	1,049
19	スイス	1,741	59	インドネシア	1,034
20	アンギラ島	1,740	60	ノルウエー	1,020
21	カタール	1,718	61	オマーン	1,014
22	スリランカ	1,658	62	エクアドル	1,006
23	アラブ首長国連邦	1,632	63	マルチニーク島	992
24	バハマ	1,616	64	フィジー	985
25	バルバドス	1,557	65	フィリピン	984
26	タイ	1,491	66	グレナダ	972
27	ケイマン諸島	1,468	67	ペルー	961
28	ベルギー	1,461	68	キプロス	932
29	バーレーン	1,428	69	ブラジル	927
30	コロンビア	1,425	70	セルビア	926
31	セイシェル	1,420	71	スロベニア	925
32	クック諸島	1,400	72	南アフリカ	925
33	シンガポール	1,389	73	セント・キッツ島	924
34	セントビンセント	1,387	74	ベトナム	919
35	台湾	1,380	75	ウガンダ	908
36	香港	1,355	76	カナダ	903
37	アルーバ	1,349	77	オランダ	880
38	アンティグア・バーブーダ	1,332	78	スペイン	829
39	イギリス	1,320	79	レユニオン島	796
40	キュラソー	1,301	80	イタリア	778

1カ所に長く滞在し、お金を落として、そしてさらにリピーターとして何度も訪れてくれる外国人観光客なのです。

国際観光客1人あたり支出金額（図表4-6）を見れば、オーストラリア（世界第2位）、ニュージーランド（世界第4位）、アメリカ（世界第6位）、スイス（世界第19位）など、自然を売りにしている国の収入が高く、イタリア（世界第80位）、フランス（世界第108位）など、文化を中心としている国に落とされる金額が安いことがわかります。

わかりやすいのが、北海道のニセコを訪れているオーストラリアやヨーロッパからの人々です。彼らは団体バスツアーで「爆買」はしません。しかし、スキーリゾートに遊びにきているという感覚なので、1週間以上の長期滞在もします。

また、オーストラリアやヨーロッパからの観光客が別荘を建てていることからもわかるように、ニセコの良質な雪質や美しい自然に魅せられ、リピーターとなっています。

このような人々こそが「上客」だとすると、**「国立公園」が宝の山だ**ということがわかっていただけるのではないでしょうか。

ニセコのように**さまざまなアクティビティを整備して、外国語対応をすれば、長期滞在して**

多くのお金を落としてくれる「上客」が訪れます。彼らは東京や大阪のビジネスホテルなどに泊まって、家電量販店や百貨店で「爆買」をして帰国の途につくわけではないので、長く快適な滞在を望みます。もちろん、爆買してくれる観光客も大切ですが、それだけで満足していてはいけません。

つまり、自然観光のニーズに応えるような、より高級なホテルや長期滞在施設、そしてカフェやレストランなども整備すれば、そこでしっかりとお金を落としてくれるというわけです。

交通コストに見合ったグレードが必要

しかし、残念ながら現状はそうなっていません。

現在、日本の国立公園・国定公園のなかには全国37の「休暇村」という宿泊施設がありますが、その名の示すとおり、国民が休暇を過ごすための場所という「昭和の観光業」の考え方をそのまま体現したような施設です。

はっきり言ってしまうと、需要と供給がまったく合っていないのです。

ここには2つのポイントがあります。

まずは、**外国人観光客および地元以外の日本人観光客にとっては、現地まで移動するための交通費がきわめて高い**こと。もうひとつは、**交通費が高い割には、国立公園の施設と価格帯がお粗末すぎる**ことです。

快適な環境のなかで長期滞在をしたい日本人の「上客」が東京や大阪から時間と費用をかけて行くにしては正直、「休暇村」ではグレードが低すぎます。**海外から来た外国人はさらに高い交通費を支払っているのですから、このグレードの低さはなおさら際立ちます**。

地元以外から来た日本人観光客も、飛行機や電車を乗り継いで交通費を何万円もかけてたどり着いた国立公園で、1泊数千円の宿泊施設に泊まるのは「割に合わない」と感じるのではないでしょうか。

国立公園がこれまでメインのターゲットとしてきた「地元の人」が全体的に減っていくなかで、地域の人が気軽に利用できるホテルを、東京など遠方から訪れる人へ「転用」するというのは、やはり無理が生じます。

外国人観光客の場合は、なおさらそうです。

もちろん、外国人観光客のなかにも、格安パックツアー客やバックパッカーのような人たちがいますので、そのような客層には「休暇村」の宿泊費はまさにちょうどいい価格帯かもしれません。

しかし、一方で「休暇村」はかなり自然豊かなところにあって、アクセスにお金がかかります。**海外からくる格安パックツアー客やバックパッカーにとっては、かなりハードルの高い場所**でもあるのです。

要するに、日本の国立公園というのは、**そこへたどり着く交通費と比べて、宿泊施設のバランスがかなり悪い、価格帯の多様性がないという問題がある**のです。

今の国立公園のホテルの価格設定では、15兆円という国の収入目標を実現することなど不可能です。ちなみに、ホテルのグレードについては、第6章でさらに考察を進めていきたいと思います。

日本の「休暇村」は、「上客」にとっては魅力に乏しく、あまりお金を落としてくれない観光客にとってはアクセスが悪くて利用しづらい。結局、**どちらの客層もつかないという中途半端な状況にある**ことがわかっていただけたと思います。「休暇村」には、**地方の宿泊施設が抱える問題が凝縮されている**と言えるでしょう。

日本人観光客が利用するからいいのだ、と思うかもしれませんが、人口が減少して国内観光客数自体が減っていき、今のままでは全国37の「休暇村」の採算がとれなくなってしまうのは時間の問題です。

それよりも、「自然」という唯一無二の武器を活かして、ニセコのように「上客」たちからも支持されるリゾートを目指していったほうが、よほど地域経済の活性化につながるのではないでしょうか。

観光戦略に関わっていると、さまざまな人からさまざまな教えを受けますが、多くの専門家が、観光地を開発するときにはグレードの高いところからスタートすべきだと指摘しています。

外国人に地元の「課題」を解決してもらう

さらに言えば、「自然」という武器をフル活用した観光戦略を賢く実行していけば、**経済的な恩恵だけではなく、日本社会が抱える「課題」も解決できる可能性がある**のです。

現在日本では**「獣害」**が非常に大きな問題になっています。鹿、猿、猪などが山から麓に下りてきて、農作物を食い荒らしたりすることで、農家の方たちに甚大な被害が出ているのです。その額は年間200億円と言われています。

この「獣害」を食い止めるため、自治体は猟友会にお願いして、1頭いくらという報酬を払ってハンティングを行ってもらっているのですが、自治体の財源の制約もあり、なかなか厳しいのが現状です。

さらに、日本では狩猟愛好家自体が減少しています。

日本全国の猟友会を統括する「大日本猟友会」の会員は昭和53年度の約42万人をピークに、現在では約10万人にまで減っています。最近では、各地の猟友会が自治体と連携し、初心者講習を開催するなどして、若い人たちに狩猟をしてもらおうと普及につとめているそうです。

猟友会も高齢化しているなかで、今後、日本の狩猟はかなり厳しいことになります。山のない県がない日本において、「獣害」が今後大きな社会課題になるのは間違いありません。

しかし、実はこれを解決できる方法があるのです。それは「ハンティング・ツーリズム」です。日本ではあまり馴染みがないかもしれませんが、海外では狩猟は多くの愛好家がいるスポーツです。ハンターのなかには、自国で楽しむだけではなく、まだ見ぬ獲物を求めて海外に飛び出す人たちもいるのです。

もちろん、ワシントン条約は絶滅危惧種とされる動植物の輸出入などの国際的取引を禁止していますので、好き勝手に他国で狩猟をすることは認められていませんし、国立公園内では難しいでしょう。しかし例外規定として、場所を制限したスポーツハンティングを認めている国は少なくありません。

つまり、**世界には、お金を払ってでも狩猟をしたいという人が山ほどいる**のです。

そこで、規制緩和も必要かもしれませんが、もし仮に日本でも地域を制限して、海外のハンターに有料で狩猟を楽しんでもらうような制度を整備したらどうでしょう。国や自治体としては**「獣害」を防ぐことができるうえに、国際観光収入を得ることもできます**。

また、**遠い異国の地で日帰りのハンティングを楽しもうなどという人はいませんので、長期滞在者が多くなります**。ハンティングエリアの付近に高級ホテルやレストランなどを整備すれば、地域経済も潤います。観光客にお金を払ってもらいつつ、地域の課題を解決できるのです。

もちろん、ガイドの同行を義務付けたり、狩猟する頭数を制限したりするなど細かなルールづくりの必要はありますが、これがもし成功すれば、国や自治体が税金を投入して地域の課題を解決していくという今の日本のシステムから、**税金を投入せず、それどころかお金をもらいな**

がら、その課題を解決するシステムへの転換がなされていく可能性もあります。

また、**「フィッシング・ツーリズム」**から整備してみるという手もあります。

日本は四方を海に囲まれ、海がない地域でも大小の川が流れていることもあって、どこでも釣りができます。また、生活のための漁だけではなく、趣味としての「釣り」も長い歴史があり、さまざまな技術があります。どこの釣り具専門店に行ってみても、驚くほど多種多様な針や餌、竿がところ狭しと並べられているのは、「釣り大国」である証左と言えましょう。

しかし現在、日本各地では漁師も後継者不足に悩んでおり、船を維持するための燃料代も重い負担となっています。

ならば、先ほどの「獣害」と同様に、**外国人観光客が「釣り」を楽しめる整備をすることで、そこで得られる観光収入で水産業者の方たちの活動を支える**という手もあるのではないでしょうか。

事実イギリスは、フライフィッシング発祥の地であるスコットランドで、フィッシング・ツーリズムを世界中に発信し、多くの富裕層を呼び込んで地域活性化に結びつけています。

では、「釣り大国」である日本はどうでしょう。私の記憶では、これまで国内外の観光客へ向けて、この日本の強みであるフィッシング・ツーリズムの魅力を積極的に発信したという機会はありません。

美しい海や河川という日本の「強み」を活かして、「釣り大国」の潜在能力を引き出すのは、観光大国を目指すうえで非常に有効な観光戦略のひとつなのです。

「ボランティア観光」という新たな道

日本では、「外国人観光客が増えて騒々しくなった」とか「外国人観光客が多くて混雑して嫌だ」というように、海外から観光客がくることをいまだにネガティブにとらえる人も少なくありません。しかし、**国際観光の場ではむしろ逆で、観光客に自国の課題を解決させようという動き**が出てきています。

たとえば、欧州やアメリカの国立公園には、世界中の国から自然保護のボランティアがやってきます。彼らは雄大な大自然のなかでボランティアをするために、遠い国まで何時間も飛行機に乗ってやってくるのです。

その一方で、彼らは「外国人観光客」でもあるので、ホテルに泊まり、レストランで食事をして、観光をして土産物を買って自国へ帰るのです。

人々を魅了する「自然」という観光資源をフル活用すれば、このような「外国人観光客を用いて課題を解決する」ということが可能になります。そして、私は**日本の美しい自然をもってすれば、このようなスタイルの観光を実現することは、きわめて容易**だと思っています。

平均滞在日数が5・2日という短期滞在のアジアからの訪日客には、時間がありません。ですから、訪れやすい、ちょっとした観光資源で十分満足します。

しかし、平均11・6日も滞在するアジア以外からの観光客は、言ってみれば「暇な人たち」です。この暇な時間を楽しんでもらうためには、長い時間を過ごしてもらえる自然観光がきわめて重要です。

日光でご説明すると、これまでのように「世界遺産、日光へ行こう」という情報発信ではなく、日光の自然やアクティビティを全面的にアピールしながら、二社一寺も紹介していくという形が理想的なのです。

第4章
自然こそ、日本がもつ「最強の伸び代」

ポイント①
日本ほど自然に「多様性」がある国はめったにない

ポイント②
「文化」に「自然」を足すと、呼べる層が広がる

ポイント③
自然観光のほうが長期滞在になるので、多くのお金を使ってもらえる

アトキンソンの提言　日本がやるべきこと

「自然」を活かした
アクティビティを充実させ、
施設も整えよう

第5章

「誰に・何を・どう伝えるか」をもっと考えよう

「So what? テスト」でうまくいく

本章のテーマは**「情報発信」**です。

観光戦略に関わるようになってから、情報発信については非常に多くの質問を受けます。私自身も非常に苦労しているところで、これをお伝えするのは非常に難しいと実感しています。

ですが、さまざまな相談や実践を通じて、いくつかの大切なことが見えてきました。本章では、あえてこの難しいテーマに取り組んでいきたいと思います。

日本で新しい時代にふさわしい観光資源の本格的な整備が始まったのはつい最近のことですので、当然まだ改善すべき点が山ほどあります。ただ、そのような改善点のなかでも、「観光大国」を目指していくにあたって、最優先しなければいけないものが、情報発信です。

「観光大国」と呼ばれる国になるためには、日本の自然、文化をはじめとするたくさんの魅力を、海外や外国人観光客に伝えなくてはいけないということは、前著『新・観光立国論』でも繰り返し指摘させていただきました。

これまでの日本の観光戦略は近隣諸国市場の開拓を優先していました。そのため、アジアへの情報発信に投資し、力を注いできました。欧州とアメリカに関しては、どちらかと言えば、「親日家」やもともと日本にやって来たかったという「ファン」を対象にしてきました。つまり、どちらかと言えば、**「日本にそれほど関心が高くない外国人」への情報発信ではありませんでした。**

しかし、**そういった人に対して魅力を発信しなくては、ドイツをはじめとする、これまであまり来てくれていない遠く離れた国から、日本を訪れようと検討する人は増えませんので、限界があります。**

アジアの観光戦略基盤ができつつありますが、4000万人達成のために、今までの方針をさらに高度化する時期に差しかかっているのです。

つまり、はじめから日本文化を知っている、日本に好意的なイメージを抱いているような人だけではなく、**日本のことをまったく知らない外国人に対して日本の魅力を発信し、新しい「ファン」になってもらうことが必要不可欠**なのです。

具体的な説明に入る前に、ひとつ注意していただきたいことがあります。

それは、言うまでもないことですが、まず**整備をしっかりとしてから情報発信に取り組むべき**、ということです。

整備をおざなりにして、情報発信だけするのはたしかに簡単です。業者に丸投げするだけで、それなりの発信ができてしまうからです。

しかし、**来てもらってガッカリさせるのは絶対によくありません。整備は難しいからこそ付**

加価値が高く、だからこそ大切なのです。**「まず整備、それから情報発信」**という鉄則は、何があっても守るべきなのです。

日本は外国人に冷たい国?

最近、海外のある調査結果を見て驚きました。

欧州とアメリカにおいて、日本に対してどういうイメージをもっているかを聞いたものですが、なんともっとも多いイメージは、**「unwelcoming（歓迎されない）」**や**「cold（冷たい）」**という結果だったのです。

つまり、**日本は外国人観光客に冷たい、本心ではあまり来てもらいたくないと考えている、と思われている**のです。

観光PRのなかでいまだに「おもてなし」という言葉が時折使われているように、日本のみなさんは、自分たちのことを「外国人に親切で、よその国に負けないくらいあたたかく迎えている」ととらえているのではないでしょうか。

しかし実は、「客」側の多くは、それと真逆のイメージを抱いているのです。この結果には、ショックを受ける方も多いはずです。

ただ、この認識のギャップは、よく考えると不思議なことではありません。まず、「冷たい」「歓迎されない」と思われる要因として、以下のような点が考えられます。

- 英語などの表記がない
- 英語などの表記が間違えている
- クレジットカードが使えない場所が多い
- ネット予約できる店や施設が少ない
- 交通機関などのインフラの外国人対応が不完全

ある意味で低次元な話ですが、外国人はこういったことを見て、自分たちのことを考えてもらっているかどうかを判断しています。以前は**ＷｉＦｉ**や**ＡＴＭ**が使えないという不満も聞かれましたので、なおさら冷たい印象が強かったのですが、今はその点は改善していると思います。

「英語の表記が間違えている」については後ほどご説明しますが、**公共の場ですら英語が間違えていると、「本気で訳していない、そこまで歓迎していない」と受け止められてしまう**ようです。

もうひとつ問題なのは、**日本社会には多くのルールがあり、外国人観光客に対してもそのルールを前面に押し出して情報発信している**ことです。

たとえば、文化財を観光すれば、外国人にも理解できるようなわかりやすい解説がほぼ皆無であるにもかかわらず、禁止事項だけはこれでもかというくらいに羅列されており、施設の入り口から出口までいたるところに掲示されています。

外国人へ魅力を伝えようという努力はほとんど感じられないのに、「これはやってはいけません」という注文はいくつもつける。そのような意図がなくとも、これではどうせ日本文化の奥深さを説明してもあなたがたにはわからないでしょうという上から目線と受け止められかねません。

また、禁止事項が多いと、**外国人は目を光らせていないとすぐに悪さをする迷惑な存在だととらえていることが漏れ伝わってしまう**のです。

つまり、このような情報発信の「偏り」が、外国人観光客に冷たい印象を与えている恐れがあるのです。これもまた低次元のことですが、非常に不愉快な印象を与えてしまっています。**外国人は「客」なのですから、不愉快な印象を与えない工夫**が求められます。

欧州人は「マナー」という言葉にきわめて敏感

もちろん、日本のみなさんにそのような悪意がないことは、28年間日本に暮らしている私はよくわかっています。単純に、これまでは国内観光客への対応に終始し、長く本格的な海外競争をしてこなかったがゆえの「偏り」だということは容易に想像できます。

ですが、日本を初めて訪れた外国人はどうでしょう。この国は我々をなにやら悪者のように見ている。そう勘違いして、日本にいいイメージを抱かないかもしれません。

そのような誤解を引き起こす最たる例が、観光地や文化財などの観光スポットにあふれる**「マナー遵守」の注意喚起**です。私はこの「マナー」という言葉の使い方に、非常に大きな問題を感じます。

英語圏の人間にとって、**ルールは決まり**で、**マナーは品格**に触れることです。**正しいマナーと言われると、それを知らない人は下品で、教養がない**ことになります。

一応英語ですから、ここで使われている「マナー」がいわゆる和製英語で、日本人は欧米人とは別のニュアンスでこの単語を使っているということは理解されず、不要な反感を買ってしまいます。

「お互いのためにマナーを守りましょう」「正しいマナーを」などという注意喚起は、日本のマナーをしっかりと理解していることが大前提です。

日本のみなさんも、訪問国のマナーや習慣をすべて完璧に頭に入れてから海外旅行をするわけではないように、外国人観光客の多くも、日本のマナーをすべて理解しているわけではありません。

にもかかわらず、**いたるところで「マナー遵守」の警告があふれていると、この国はルールを守らない人を猛烈に悪者扱いしている**という印象を与え、マナーを知らない外国人観光客たちを不安に陥れてしまっているのです。

特に、欧州人は「マナー」という言葉に敏感です。

マナーを知らずに恥をかいたり、日本人に不愉快な気持ちを与えたりすることに対して過敏な反応を示す人もいます。なかでもドイツ系の人たちは、その傾向が強いと言われています。

恥をかきたくない人にとって、「マナー」がいっぱい書かれていると、守る自信がなくなるから不安になります。これでは、冷たい、歓迎されていないという印象を受けるでしょう。

そのような人々が、「マナー遵守」の警告があふれる観光地で羽根を伸ばすことができるでしょうか。もしマナーを間違えたら大変なことになると思って、文化財の見学もやめてしまいます。

イベントや体験ツアーなどに興味があっても、細かいマナーを知らないことで悪者扱いされるくらいならば、あきらめてしまうでしょう。**「マナー」という言葉の前に、欧米人は遠慮をしてしまう**のです。

ちなみにイギリスのウェストミンスター寺院では「The Abbey is a working church and so some recommendations and guidelines are set in place to achieve balance between worship and visitors' needs」と説明されています。かなり配慮が行き届いた表現だということがおわかりいただけると思います。

必要なのは相手の立場に立った「伝え方の工夫」

「だったら、日本に来る前にしっかりとマナーを勉強しろ、『郷に入れば郷に従え』と言うじゃないか」と主張される方もいるかもしれませんが、先ほど申し上げたように、**海外旅行を楽しむ日本人観光客もそこまで厳密に郷に従っているわけではありません。**

「楽しみ」を追い求めてやってくる外国人観光客にそこまでの苦労を強いては、「従えと言われても難しそうだから、郷に入るのはやめておこう」と判断されてしまいます。結果として、4000万人の目標も達成できません。

もちろん、地域住民の方たちのためのマナーやルールをしっかりと守ってもらうということは大事ではあります。

しかし一方で、**情報発信のなかであまりにも大きい禁止事項のウェイトを再考したり、異なるマナーをもつ人々のために「マナー遵守」の表現をもう少しソフトにしたりといった「調整」も必要**になってくるのではないでしょうか。

つまり、プラスの情報とマイナスの情報のバランスや、伝え方の工夫が大切なのです。**「公園での正しいマナー」という表現を「公園の楽しい使い方」に変える**など、細かい調整が必要なのです。

最近、この問題の「最たる例」に触れました。外国人向けの観光案内を発信しているフェイスブックページで**会席料理**のことをとりあげており、「正しいマナー」が説明されていました。

ふすまは前に座って、3回に分けて開ける。座布団は上に立ってから座るのではなく、一度後ろにしゃがんでから座る。おしぼりは手を拭くもので、顔などを拭いてはいけない。口などを拭くときは懐中している懐紙を使う。

このようなことが長々と説明されており、**いつまでたっても食べる楽しみにたどり着かない**のです。

余談ですが、「懐中している懐紙を使う」という記述には、正直笑ってしまいました。たしかにお茶をやっている人間として、これがいわゆる正しいマナーであることはわかります。しかし、今の時代、特に男性で常に懐紙を懐中している人がどれほどいるのでしょうか。料亭でふすまを開けるときには必ず座るという人も、いるとは思いますが、稀なケースではないでしょうか。

ここでポイントとなるのは、**日本人も守っていないのに、なぜ外国人にこれほど詳細にマナーを伝えたいか**です。その目的は何でしょうか。外国人にそれを知ってもらって、どうしたいのでしょうか。おそらく日本のマナーは美しく、奥深いことを知ってもらいたいのでしょう。

しかし、この説明を受け取る側としてはどうでしょう。食事にたどり着くまでにここまで細かいルールがいっぱいある。正しいマナーと書かれているから、違反したら恥をかいてしまう。日本人に指摘されたり、嫌な思いをさせてしまうかもしれない。そう感じて、敬遠してしまうのではないでしょうか。

これは、日本人がお茶事を遠慮するのと同じ理屈です。同じ伝えるにしても、**「粋な作法」「日本的な作法の豆知識」など、受け入れやすくする工夫をすべき**ではないかと思います。相手の立場に立って、もう少しその伝え方を工夫する必要があります。さらに、相手にどこまで知ってもらうか、それを知って相手にどんなメリットがあるのかを考える必要もあります。これこそ、日本人の「おもてなし」の心ではないでしょうか。

パンフレットは今の形でいいのか

では、具体的に何をすべきかを考えていきましょう。まずは、外国人観光客へ向けて日本のPRを行うホームページ、SNS、パンフレット、さらには交通機関やレストランの外国語案内、そして文化財などの観光スポットの解説やガイドを、**外国人目線で整備すること**です。

そのあたりにはすでに着手しているという自治体や観光地も少なくないでしょう。しかし、突き進んでいる方向性自体が誤っているところもありますので、本章ではそのあたりを指摘させていただきます。

日本の観光戦略において、「情報発信」にまだ多くの改善点が山積しているという厳しい「現実」について、まずは私が特別顧問を務めさせていただいている京都・二条城を例にしましょう。

二条城については、2014年に拙著『イギリス人アナリスト　日本の国宝を守る』（講談社＋α新書）のなかで、情報発信や外国語対応などの整備が十分ではないことを指摘させていただきましたが、その当時と比べると見違えるほどの整備が行われるようになりました。

近年、二条城の御殿内部と外部の解説やパンフレットの整備が徐々に進んでいます。その整備に関わって感じたことを伝えたいと思います。

ひとつは、**1冊の外国人向けパンフレットのなかで、同じ内容をいくつかの言語で説明しているという問題**です。観光施設などでたまに見かけますが、「外国人向け」ということで、英語やフランス語などさまざまな言語による解説が1冊のパンフレットにまとめられています。手にとる側は、自分の国の言葉のところしか読みません。よその国の言語がある分だけ、**得られる情報量がかなり減ってしまいます**。

やはり言語ごとに1冊ずつつくるように改めるべきだということで、二条城では対応していただきました。みなさんも海外に行って、中国語、韓国語と一緒になっているパンフレットを手にしたら、同じことを感じるのではないでしょうか。

もうひとつが、パンフレットにあまりにも「いらない情報」が多くつめこまれていて、本当に入れなくてはいけない歴史的背景やドラマなどが紹介できていないという問題です。

たとえば、日本全国のさまざまな観光地にあるパンフレットには、必ずと言っていいほど「交通アクセス」が記されています。パンフレットの最後のページには、住所、電話番号、営業時間はもちろんのこと、ここにいたるまでの地図や、車、電車などの利用交通機関ごとの所要時間、駐車場の有無まで、「アクセス」にまつわる情報がびっしりとつまっていることが珍しくありません。なかには、4分の1くらいが交通アクセスというパンフレットも存在しています。

二条城に置かれたパンフレットもご多分に漏れずそうで、「交通アクセス」にかなりスペースが割かれていました。

ただ、ちょっと冷静に考えると、これはかなりおかしなことではないでしょうか。

このパンフレットを手にする観光客の大多数は、二条城にたどり着いています。そのような人たちに対して、ここまで丁寧に「交通アクセス」の案内をする必要が果たしてあるのかというと、大いに疑問です。

観光案内所などでも配布するのだから丁寧なアクセス案内が必要だと思うかもしれませんが、今はネットの時代です。何より、文化財や自然観光などの場合、アクセス情報より大切な情報は山ほどあります。相手が外国人観光客であるならなおさらです。

「So what? テスト」でうまくいく

さらに、研究や学習のためだと思われますが、パンフレットには**「歴史年表」**や、**この建物が何年につくられ、いつ何が消失し、何年に国宝に指定されたのか**など、文化財としての略歴も掲載されています。

これも少し考えればわかると思いますが、このような情報は、遠い国から訪れた観光客にとってはさほど価値がありません。それよりも、外国人観光客にはもっと知りたいことがあるからです。

その情報は、外国人が求めている情報なのか、それとも意味のない情報なのか。それをチェックするために有益なのが、**「So what? テスト」**です。ある情報を見て**「だから何だ」と自問することで、それが有益なのか、それとも独りよがりの発信になっているのかを確認する**のです。

日本のマーケティングは、商品をつくる苦労や技術的な難しさをアピールすることがあり、「自分目線」な発信が多いと言われています。しかし海外では、「この商品を買えば、あなたの人生がすばらしいものになる」など、買い手のメリットを強調します。

どちらが良いということではなく、**相手に合わせて「調整」する必要がある**のではないでしょうか。

たとえば、二条城に実際にあった「二ノ丸御殿には800枚以上の畳が敷かれています」という解説も、「だから何だ」と自問することで、すぐに意味のない情報であることがわかります。たくさんの畳が敷かれていることは一目瞭然ですから、30万円の渡航費と15時間を費やしてわざわざ日本を訪れた欧州の観光客がそれを知りたがっているとは、到底思えません。

二条城の場合、建物のスペック的な紹介よりも、外国人観光客はそもそも「将軍」というものを知りませんので、そのような基本的知識や歴史的背景を解説するスペースが必要です。

そこで、二条城は「交通アクセス」のスペースを極力小さくして、建築情報も再検討して、後水尾天皇の行幸、大政奉還という歴史的なドラマをしっかりと解説し、二条城が日本の歴史においていかに重要な役割を果たしたのかをアピールしました。

また、御殿のなかでも解説を一新して、庭園、壁画、金具、歴史、部屋の使い方、装備、さらに二条城に関わる人たちの人物説明なども加えました。これらはすべて観光客層の「幅」を広げるためのものです。

二条城で実際に働いているスタッフや、学芸員がもっている知識の深さ、その情報量は素晴らしいものがあります。

しかし、その情報の大半は海外からの観光客はおろか、日本国内の観光客にも提供されておらず、政治家などが視察に訪れたときにだけ、披露されていました。これは**「究極のもったいない」**だと、二条城を訪れるたびに感じています。その貴重な情報をもとに解説を整備する価値は計り知れません。

解説は**「誰のために、何を伝えるべきか、何を理解してほしいか」を考える視点が大切**です。国内外の観光客に楽しく観光してもらうためには何が必要か。そのために有益な情報を厳選するという姿勢が肝要なのです。

「初心者向けの情報発信も」

今の日本の文化財は、そこを訪れる前に学校で学んだり、自分自身で下調べしてからでないと、その魅力が十分に伝わらないという問題をはらんでいます。そのような見学者側の姿勢も必要かもしれませんが、人間ですから、学んでいても忘れることもあります。

ならば、**文化財のなかで、そもそもその文化財はどのようなものなのかという基本中の基本、初心者向けの情報が発信されていてもいい**のではないでしょうか。

というより、そのような情報があって何か損があるのでしょうか。むしろ**「予備知識をもたない観光客がやって来ても楽しめる」わけですから、観光資源としては大きなプラス**です。

このように文化財の魅力を1人でも多くの人に伝えるために盛り込むべき基本的な情報が山ほどあるなかで、それらをさしおいてまで、「市バス　9・50・101号系統で、二条城前停留所下車」のような情報を入れ込むのは、どう考えても合理的ではありません。むしろ、観光戦略ということで言えば、「いらない情報発信」だという結論にいたるのです。

国立公園も同じでした。　私のような「自然の素人」でも楽しめる解説は、ほとんどありませんでした。　立派な建物のビジターセンターでも、展示はとても感動できるものではないところが多いのです。

また、屋外の案内板の多くは、目の前に広がる山や川の名前を記載しているだけ、植物にはラテン語の学名が記載されているだけ。これでは、見た人の心が動かされることはありません。図鑑を眺めていれば事足りるような情報ばかりで、人生や価値観を変えてくれるような生きた自然の知識は、残念ながらありませんでした。

火山などが多い日本ですから、その地形の特徴や見るべきポイント、珍しい動植物など、解説すべきことはいくらでもあります。それらを、専門家でも初心者でも感動できるように説明することは、それほど難しいことではないはずです。

欧州からの観光客は、30万円以上の航空券を購入して、15時間ほど飛行機に乗って日本にやってきます。自然豊かな国立公園までやってくるとなると、さらに数時間かかります。

そのような苦労をしてまで「日本の美しい自然を体験してみたい」とやってくる人の鑑賞に堪えうるかどうかを基準に、展示内容を再考してみることをおすすめしたいです。

実際にあった「酷い解説」

さて、国立公園といえば、私が日本の観光整備に携わってから今日まででもっとも問題のある「翻訳」があったところでもあります。

問題を指摘させていただき、現在は解決されていますが、今後多言語対応をされる国や自治体の方々の教訓にしていただくために、あえてご紹介しましょう。

誤解しないでいただきたいのですが、決して国立公園を管轄する環境省の観光整備の不備をとりあげて、批判したいわけではありません。事実、環境省はこの翻訳を、日本でも多くの人が知る大企業に発注しました。そのような社会的信用の高い企業の仕事であってもミスは起こるので、納品されたものをあらためて検証する必要があるということの、ケーススタディにしていただきたいのです。

次の写真をご覧ください。お気づきになった方も多いかもしれませんが、「is aare」と動詞が2回続いています（下線部①）。また、are に余計な a がついています。明らかに翻訳後のネイティブチェックがなされていません。ネイティブチェックどころか、翻訳者自体もチェックしていない可能性が高いと言えます。

これは翻訳の問題というより、品質の問題です。昔は英語圏の人がそれほど来ていなかったから、翻訳に力を入れていなかった。チェックしてもある意味で無駄だった。そういう時代の名残でしょう。

また、下線部②に「which.」とありますが、これは続きがなければいけません。「which.」で切ることは、英語の文法上ありえません。初歩的な文法ミスです。「At the tip」で始まるこの1文も、日本語の原文とまったく意味が合っていません。

これは伝わらない、わかりにくいといった以前の問題で、英語になっていない例です。アルファベットが印刷されているだけです。なお、視察でたくさんの例を見てきた私の経験から、**この例は悪いほうではあるものの、決して珍しい例ではない**ことを強調しておきます。

なぜ翻訳者がこのような支離滅裂な翻訳をしたのかは私にはわかりませんが、このミスは環境省側が事後チェックしていれば防げたものでもありました。よほど翻訳者を信用していたのか。**「自然」という日本の強みをかき消すよ**

英文解説が「英語になっていない」例

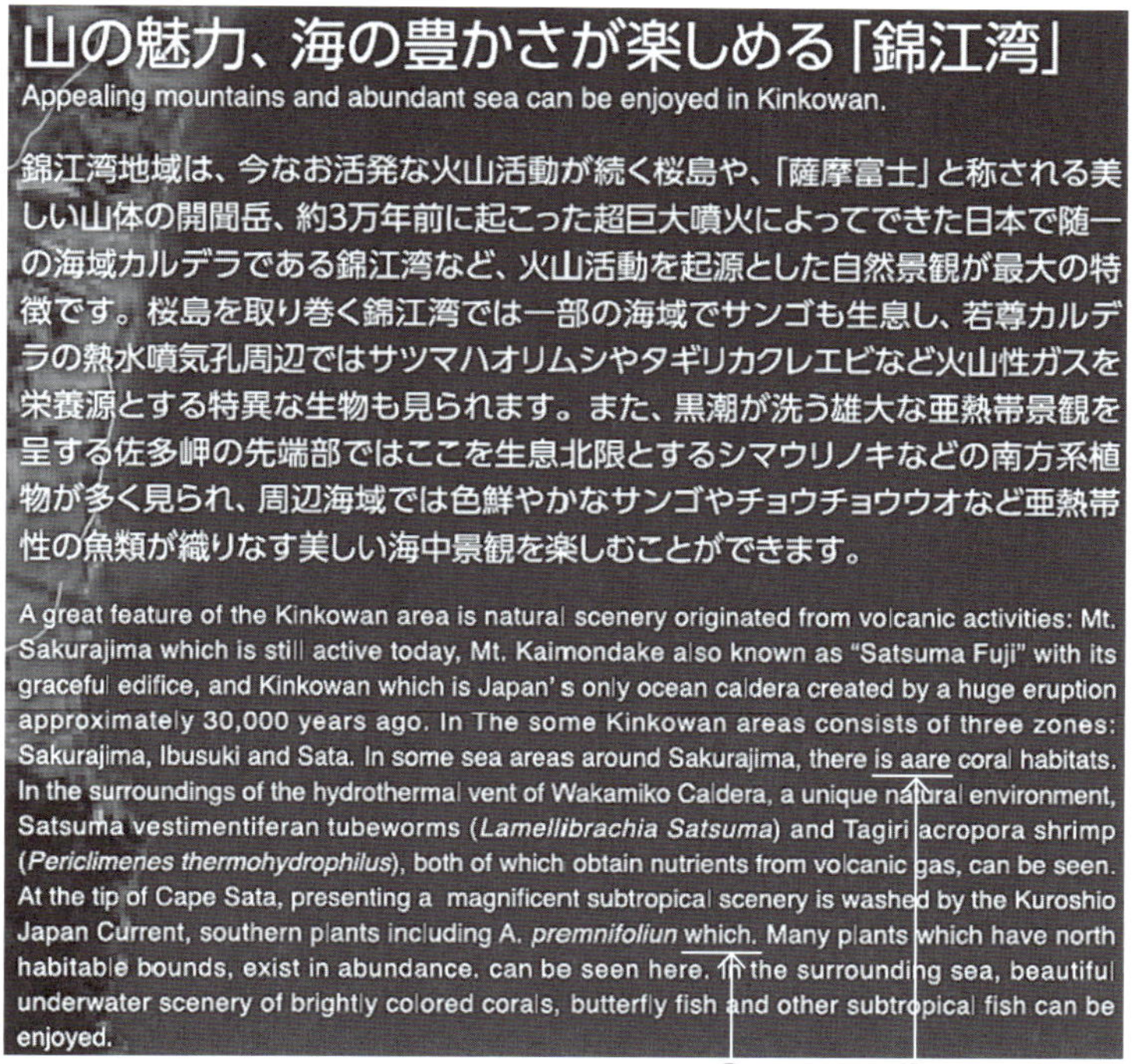

山の魅力、海の豊かさが楽しめる「錦江湾」

Appealing mountains and abundant sea can be enjoyed in Kinkowan.

錦江湾地域は、今なお活発な火山活動が続く桜島や、「薩摩富士」と称される美しい山体の開聞岳、約3万年前に起こった超巨大噴火によってできた日本で随一の海域カルデラである錦江湾など、火山活動を起源とした自然景観が最大の特徴です。桜島を取り巻く錦江湾では一部の海域でサンゴも生息し、若尊カルデラの熱水噴気孔周辺ではサツマハオリムシやタギリカクレエビなど火山性ガスを栄養源とする特異な生物も見られます。また、黒潮が洗う雄大な亜熱帯景観を呈する佐多岬の先端部ではここを生息北限とするシマウリノキなどの南方系植物が多く見られ、周辺海域では色鮮やかなサンゴやチョウチョウウオなど亜熱帯性の魚類が織りなす美しい海中景観を楽しむことができます。

A great feature of the Kinkowan area is natural scenery originated from volcanic activities: Mt. Sakurajima which is still active today, Mt. Kaimondake also known as "Satsuma Fuji" with its graceful edifice, and Kinkowan which is Japan' s only ocean caldera created by a huge eruption approximately 30,000 years ago. In The some Kinkowan areas consists of three zones: Sakurajima, Ibusuki and Sata. In some sea areas around Sakurajima, there is aare coral habitats. In the surroundings of the hydrothermal vent of Wakamiko Caldera, a unique natural environment, Satsuma vestimentiferan tubeworms (*Lamellibrachia Satsuma*) and Tagiri acropora shrimp (*Periclimenes thermohydrophilus*), both of which obtain nutrients from volcanic gas, can be seen. At the tip of Cape Sata, presenting a magnificent subtropical scenery is washed by the Kuroshio Japan Current, southern plants including A. *premnifoliun* which. Many plants which have north habitable bounds, exist in abundance. can be seen here. In the surrounding sea, beautiful underwater scenery of brightly colored corals, butterfly fish and other subtropical fish can be enjoyed.

② ①

うな、残念な行為であることは間違いありません。

最低限、ネイティブチェックが必要だが……

さて、厳しい指摘をさせていただいていますが、その一方で、実際にさまざまな観光整備に携わってみたことで、これまで自分が主張していたことが誤っていたと気づかされることもありました。

それは翻訳における**ネイティブチェックの必要性**です。これまで私は『新・観光立国論』や講演で、観光地や文化財の解説は必ずネイティブチェックをすべきだと強く主張してきましたが、これは誤りでした。

この場を借りて、これまで著書や講演での、ネイティブチェックに関わる主張をすべて撤回させていただくと同時に、お詫びを申し上げます。

なぜこのような結論にいたったのかを説明させていただく前に、そもそもなぜ私がネイティブチェックの必要性を訴えたのか、ということからお話しさせていただきましょう。

『新・観光立国論』を著した当時、**有名観光地や文化財などの解説の多くは、外国人観光客からすると文法的にもかなりいい加減で、何を言っているのかまったく伝わらないものが多くありました。**

みなさんも海外へ行くと、レストランのメニューや観光地の案内などでおかしな日本語を目にする機会があると思います。明らかに日本人がチェックしていないであろう、奇妙な文法です。残念ながら、日本の観光地の他言語対応にも、そのような奇妙な解説があふれているのです。

これは「観光大国」を目指すうえで、大きな機会損失です。みなさんが海外で見かけたおかしな日本語にわざわざ目くじらを立てないように、外国人観光客の多くも奇妙な解説に特に腹は立てないでしょう。しかし、**意味不明な言葉が羅列された案内や解説からは、その観光地や文化財の「魅力」は伝わりません。**

それは裏を返せば、**その外国人観光客がリピーターになってくれる可能性も、日本の魅力を理解して自国に戻ってから良い口コミをしてくれる可能性も、自らつぶしてしまっている**ということです。

日本人ならば、正しい日本語になっていなくても英語があればなんとかわかるかもしれません。しかし外国人の多くは漢字が読めないので、英語が正しくないことはかなり問題です。「unwelcoming」と言われている理由のひとつが、ここにあります。

特に、行政に求められる英語のレベルは、民間よりも高いと考えるべきでしょう。なぜなら、行政の英語が間違えていると、民間の英語はもっと低レベルなはずだと思われ、さらに不安が増すからです。

私がネイティブチェックの必要性を説いた最大の理由はそこにあります。**目の前にいくら素晴らしい異国の文化財があっても、自分の国では見られない美しい自然や景色があっても、理解できない奇怪な文法の「解説」や「案内」では、その魅力が半減してしまいます。**だからこそ、外国人観光客という「客」が理解できるような案内や解説、つまりネイティブチェックが必要だと考えたのです。

どんなに海外での生活が長い方であっても、語学力がある方であっても、ネイティブには絶対にかないません。私自身もオックスフォード大学時代から日本語を学び、日本に30年近く住んでいますが、いまだにわからない日本語も多くありますし、完璧な日本語は書けません。必ず日本人にチェックしていただくようにしています。

チェックする人の人選は慎重にすべき

ただ、日本人で英語を学んだ方の一部には、どうもそのような意識が薄い印象があります。何年留学したのでネイティブ並みだと胸を張ります。私がその英語はちょっとおかしいですよと指摘すると、「どこが悪いんだ」とプライドを傷つけてしまうようで、激昂される方もいます。

このような外国語に対する過信を、日本人翻訳者の一部がもっていることで、「誤訳」を引き起こしている可能性はあります。

しかし、逆に考えてみてください。**私が日本語で日本の重要文化財の解説を書いたとして、日本人がチェックしないでそのまま展示するでしょうか。普通に考えれば、なにか間違いがあったら大変ですから、そんなことは許されません。**しかし、外国人がチェックしない外国語の解説は、山のようにあふれているのです。

先日、ある文化財の「桧皮葺《ひわだぶき》」の解説を読んでいたところ、日本語のほうには「世界に類を見ない植物性の屋根」とありました。一方英語のほうでは、それが「vegetable roof」となっていました。

たしかに vegetable を辞書で引けば「植物性の」という意味もありますが、ネイティブチェックをすれば、これがおかしいことは一目瞭然なのです。

このような客観的な事実から、英語の解説は、英語が母国語の人間がしっかりとチェックしなくてはいけない、ドイツ語の解説はドイツ語を勉強した人間ではなくて、ドイツ語圏の人間がしっかりとチェックしなくてはいけない、という結論にいたるのは、自明の理ではないでしょうか。

しかし、残念ながら日本の観光業では、そのような意識はまだ十分に浸透していません。

少し前、有名な某文化財の英語での解説がしっかりと理解できるのか検証してほしいと頼まれたことがありました。見てみると、メチャクチャな文法で、まったく理解できない有様だったので、ネイティブチェックはしましたかと尋ねたところ、担当者は「ちゃんと確認してもらいました」と回答しました。

そこでそのネイティブに会わせてもらったところ、その人は北欧の方でした。母国語は別にあって、英語は会話レベルとしては十分でしたが、文化財に求められる、高い品格と学問的なレベルを備えた文章を書く力はありませんでした。

私が「この方は、ネイティブではないでしょう」と申し上げたところ、その担当の日本人は「外国人だからネイティブです」と反論してきました。ヨーロッパの人間はすべて英語のネイティブだと勘違いされているようです。その担当者は日本の有名大企業の社員でした。

つくり話のように聞こえるかもしれませんが、残念ながら実体験です。

このような現状を少しでも改めていただこうと、『新・観光立国論』や講演で繰り返し繰り返し、ネイティブチェックの必要性を訴えてきました。その甲斐あって、**全国の自治体や文化財などでも、少しずつネイティブチェックを行うところが増えてきた**ように思います。

「翻訳」の限界

ただ、先ほども申し上げたように、実際にいくつかの整備に携わってみて、これはある意味で誤りだったことがわかりました。

もちろんネイティブチェックをしないよりはしたほうが、格段に理解度が上がります。一方、**ネイティブチェックだけでは不十分だという厳しい現実がある**ことにも気づかされたのです。

ネイティブチェックされた案内や解説によって、これまでのような違和感や理解不能という問題は解消されましたが、そこで新たな次元の問題が浮かび上がったのです。

それを端的に言い表すと、**「単語、文章としては理解できても、それが何について述べられているのかがわからない」という問題**です。

たとえば、簡単な例として、文化財で「ここは江戸幕府を開いた将軍、徳川家康によって慶長8年に建てられたものです」という解説をネイティブチェックし、完璧なものにしたとしましょう。

This building was built by the first Shogun of the Edo bakufu, Tokugawa Ieyasu, in Keicho 8.

外国人にも「Shogun」という言葉はなんとなく理解できますが、「Tokugawa Ieyasu」を知っている人は少ないです。大文字になっているので、人名か地名であることくらいは察しがつきますが、この単語が意味するところが、そのままだとまったくわからないのです。

さらに言えば、「Edo bakufu」というものがいつごろのものなのかも理解できません。最低限、西暦でその期間を書くべきでしょう。

もちろん、この単語のあとに「１６０３〜１８６７」という年代が書かれていても、それで十分というわけにはいきません。この時代の日本がどのような社会制度だったのかというバックグラウンドが理解できませんので、場合によってはそれも加える必要があります。

「慶長8年」も語学的には正しく翻訳されていますが、日本の年号制度はわかりませんので、やはり外国人には何のことなのか理解できないでしょう。

つまり、**ネイティブチェックによって、文章的には「客」の目線に合わせることができるものの、書かれている内容が依然として、外国人観光客の日本に対する知識と大きく乖離してしまっている**という問題があるのです。

ただ、冷静に考えればこれも当然です。翻訳される前の「ここは江戸幕府を開いた将軍、徳川家康によって慶長8年に建てられたものです」という文章は、日本人の感覚で書かれたものです。江戸時代も徳川家康も学校教育で習う一般常識ですから、当然、細かな説明はなされません。しかし、**この案内を読むのは、そもそもそのような基礎知識を持ち得ない外国人**なのです。

この問題を一言で言ってしまうと、「翻訳には限界がある」ということです。

翻訳者というのは、あくまでも翻訳の専門家で、日本語の原文を正しい英語へと翻訳することが仕事であり、彼らはできる限り、もとの文章に忠実に翻訳しようとします。それ以上でもそれ以下でもありません。私が大学で勉強した翻訳の哲学は、まさにそうでした。

細かい話ですが、行政の翻訳は通常、「日本語1文字＝いくら」で発注します。そのため翻訳者は、その表現が英語圏では通じないものであっても、無理やりそのまま翻訳しようとします。また行政は、大まかに同じ文量になっているかどうかだけをチェックします。

なので、翻訳家は何も引かないし、何も足しません。

そしてネイティブチェックとは、その翻訳が正しいかどうかを、文法や単語レベルでチェックすることが主な仕事です。この2つのチェックを経てできあがった文章は、文法的には何の問題もありません。しかし、**中身のチェックはまったくなされないことが多い**のです。

よく目にするのは、「〇〇を代表するもの」を「a representative example」と訳す例です。たしかに辞書を引くとそうなっていますので、間違いとまでは言えません。しかし、日本語における「主なもの」「重要なもの」というニュアンスは、この英語にはありません。英語では、「よくあるものの典型」という感じなのです。

「懐かしい」も面白い例です。「nostalgic」と訳されることが多いですが、この単語の意味は「昔から慣れ親しんでいるもの」といったところです。しかし、日本人から見ればそうであっても、日本人ではない外国人にとっては「子どものころから慣れ親しんでいない」ものですので、「nostalgic」と書かれても「そんなことはない」と思うのです。くだらない例かもしれませんが、やはり「自分目線」になってしまっているのです。

海外からよく、日本語をそのまま翻訳した文章は文法的には正しくても、話の流れが不自然だという指摘を受けるのは、このようなことが原因です。ネイティブチェックはあくまで校正なので、ネイティブらしくリライトしてくれるわけではないのです。

そのため、**文法や表現としては理解できても、ぎこちなかったり、何を言いたいのかわからなかったりという不自然な表現になってしまう**のです。

たとえば、「季節の花を楽しむ庭園」を「the garden in which to enjoy seasonal flowers」と訳しているものを見たことがあります。また、「荘厳な雰囲気を醸し出す彩色」が「the saishiki creates a magnificent atmosphere」と訳されているものもありました。

いずれも、翻訳として間違ってはいませんが、ネイティブには理解しづらいです。庭に植えてある花が特定の季節に咲くのはあたりまえなので、外国人にとってその表現は混乱のもとです。これは、自分たちの文化にない表現・概念が入っているからです。

後者の文章も、最終的に「the buildings are made even more magnificent by the saishiki polychrome decorations」と書き直したと記憶しています。そのまま英語にすることはできますが、自然な文章にならないので、全面的に書き直して英語圏の人間にとって意味が通る表現に改めました。

このような問題を英語では「barbed wire」（有刺鉄線）と呼びます。まったく通じない難解な言葉をもってして、人を遠ざけさせるという意味です。

これまで私が主張してきたネイティブチェックだけでは、残念ながらこの「barbed wire」を打ち破ることができないのです。発信の整備に携わったこの2年間で、その厳しい現実を目の当たりにしました。

日本の業者は、観光アピールというとCGやVRなどの最新技術を使って派手なことをやりたがる傾向があります。しかし、そういった高次元なことをする前に、このようなより低次元の整備に力を入れるべきでしょう。

いつも強調していることですが、世界最高の観光アプリをつくっても、そのなかに入っている英語コンテンツがダメならば、そのアプリは活用できません。

最初からネイティブに書いてもらう

ただ、過ちに気づくことによって、このような解説や案内の多言語対応における現時点でのベストの方法が見えてきました。

それは、**「日本人が日本人のために書いた日本語の文章を翻訳するのではなく、そのデータだけをベースにして、ネイティブにゼロから解説文をつくってもらう」**ということです。

まず、ネイティブのライターを雇います。次にそのライターに対して、文化財のスタッフ、学芸員、観光地の担当者などの日本人が口頭でも解説し、データでポイントや事実を伝えます。それを受けて、ライターは自国の人間が理解できるような解説文を、一から書きあげるのです。

当然、そのなかには「Tokugawa Ieyasu」といった固有名詞も登場するかもしれませんが、日本人ではなく、ネイティブライターの知識や常識に基づいて書かれるので、それらが何を意味するのかということのフォローも含まれるというわけです。

こうしてできあがった解説文を、最後は日本人が事実誤認なども含めてチェックするというのが一連の流れです。場合によっては「So what? テスト」も行い、外国人に理解してもらいたくてもハードルが高すぎる内容や外国人が求めていない部分を消したり、先述した二条城の「将軍」の説明のように、外国人のために別の文章を足したりすることもあります。よく考えてみると、トリップアドバイザーこそ、まさにそのようなものだと言えるでしょう。

翻訳する原文が日本人の常識や知識を大前提としている以上、これを翻訳した後に外国人向けに調整するのはかなりの大手術です。だったら、**その原文にとらわれず、はじめから外国人**

が自身の常識や知識に基づいて文章を書いたほうが、はるかに効率的だというわけです。

観光整備の成功事例

このような整備のお手本となるところはいくつかあります。美術館のなかで最先端の他言語対応を実現しているところは、根津美術館だと思います。根津美術館は、ショップ、飲食対策、座る場所の提供、音声ガイドなど、すべてにおいてトップだと思います。

久能山東照宮も音声ガイド、神職による解説、飲食や休憩所対策、イベント、ショッピングなどでかなり進んでいます。鎌倉鶴岡八幡宮や日光東照宮、奈良の春日大社、京都の平等院なども成功例です。観光ホームページでは、和歌山県、奈良県、長野県、京都市などが挙げられます。

日本語の解説文を翻訳してネイティブチェックに回すという段取りですらめんどくさがっている自治体や観光業の方からすると、かなり手間がかかるなと腰が引けてしまうかもしれません。

しかし、先ほども申し上げたように、**観光業において、「客」に「魅力」が正しく伝わらないというのは、「機会損失」以外の何物でもありません**。

訪日外国人観光客4000万人、そしてその先にある「観光大国」となるためにも、早急に改善すべき点であることは間違いないでしょう。

「観光ブランディング」は可能か

このような観光地や文化財の解説や案内における「Barbed wire」に気づくことによって、実はほかの「発信」にも同様の問題があることがわかりました。

その最たるものが**「キャッチコピー」**です。

たとえば、「YOKOSO! JAPAN」というものがあります。これは、国土交通省が行っている訪日観光促進のためのキャッチコピーで、成田や羽田などの国際空港ではよく見かけます。航空機の機体にもペイントされ、外国人観光客が見る資料やPRポスターにも用いられました。

日本全国へ出張すると、空港や駅では、それぞれの地域の方言を用いたキャッチコピーがお出迎えしてくれます。「めんそーれ、沖縄」「おいでませ、山口」「きてみんね、長崎」など、それぞれ地域の挨拶が前面に出ることが多いので、その流れで「ようこそ」という言葉を入れたのかもしれません。

あるいは、ハワイの「アロハ」のように、「ようこそ」という日本語を海外でも有名にしたいという思惑があるのかもしれません。

ただ、**残念ながらこの狙いは、外国人観光客の感覚ではピンときません。** みなさんも海外旅行へ行って、いきなり聞いたこともない挨拶を聞かされたらどう思うでしょうか。その意味不明の言葉から「魅力」を感じるという人はかなり少ないのではないでしょうか。

ハワイの「アロハ」は、観光業に限らず現地のいたるところで使われている挨拶であり、たしかに世界的にも知名度はあります。しかし、これをハワイが観光のキャッチコピーにしているわけではありません。**「アロハ、ハワイ」というコピーで観光客を誘致しても、受け取る側は何のことやらという印象**ではないでしょうか。

つまり、**「YOKOSO! JAPAN」は、外国人観光客に「日本へ行ってみたい」と想起させるどころか、「日本はこのコピーでいったい何を伝えたいのだろう?」と首をかしげるような「Barbed wire」になってしまっている**恐れがあるのです。やはりここでも「So what? テスト」が必要です。

なぜこのようになってしまうのかというと、このコピーがつくられる過程に、解説や案内とまったく同じ構造があるからです。

「YOKOSO! JAPAN」だけではなく、「伝統と革新」を直訳した「Tradition and Innovation」、東京都の「&Tokyo」など、日本の訪日外国人観光客向けキャッチコピーの多くは、日本人の手によってつくりだされています。電通や博報堂という大手広告代理店がコンペで競り落として、国土交通省や観光庁、あるいは自治体から受注しているという状況です。

そうなると、主に日本人のクリエイターがつくります。そのなかには、海外で教育を受けた人もいるかもしれませんし、英語が堪能だという人もいるかもしれません。

しかし、**日本人ですので、日本人の感覚に基づいたキャッチコピーができあがります**。アメリカ人のユーモアがイギリス人には通用しないのと一緒で、それが外国人に響くかどうかは微妙だと思います。

このようにつくられたキャッチコピーが外国人観光客の心に突き刺さって、日本に旅行したいと思わせることができるでしょうか。私にはできるとは到底思えません。

日本人のクリエイターの能力がないと言っているわけではありません。

逆に考えてみてください。日本に住んだことがない外国人のクリエイターが、データ分析もせずに、「日本人はこういうのが好きだろう」と想像してキャッチコピーをつくり、それを日本語に翻訳したとしたら、日本人の多くは「わからないな」「違うんだよなあ」と首をかしげることでしょう。

先ほどもお話ししたように、たとえネイティブチェックを通しても、細かなニュアンスを異国の人に伝えることは困難を極めます。**それをキャッチコピーという数少ない単語でやるとなると、そのイメージやニュアンスが文化の壁を超えて伝わる可能性は、きわめて小さい**のです。

つまり、同じ国の人間同士でも伝えることが難しいイメージ・ニュアンスを、他国の人間が伝えるのはほぼ無理だと思ったほうがいいのです。それができる人がいたとしたら、素晴らしいというレベルではなく、文字通りの天才でしょう。

ではどうすればいいのかというと、これも先ほどと同じ方法で解決できます。

外国人観光客がわかる解説にするには、ネイティブのライターにゼロからつくってもらうべきだと申し上げました。外国人観光客に響くキャッチコピーをつくろうと思ったときも同様で、**日本人の意図や狙いを伝えたうえで、ネイティブのコピーライターにつくってもらうべき**なのです。

なお、世界の情報発信の流れは、キャッチコピーよりは、写真や映像といったビジュアルでアピールするのが主流です。もちろんブランディングは大切ですが、個人的には、観光においていまだに多額の予算を費やして有名コピーライターにキャッチコピーをつくってもらうという発想自体が、時代にそぐわないのではないのかと疑問に感じています。

「何を発信するのか」を精査せよ

ここまで、魅力を伝えるためにどう発信をしていくのかという「方法論」のお話をさせていただきましたが、もうひとつの大きな問題はやはり**「何を発信するか」**です。

繰り返しになりますが、観光の基本は多様性です。ひとつの魅力ある観光資源には一定数の観光客がつきますので、魅力ある観光資源が多くなればなるほど、つまり多様性に富んでいけばいくほど、観光客数は増えていきます。

ですので、私が和歌山県の観光ホームページの監修をさせていただいたとき、もっとも留意したのは「多様性」でした。子供のために動物園、家族やカップルが楽しめるビーチ、文化、買い物、体験、ハイキングなど、エンターテインメントの多様性を重視しました。

食事も同様で、和歌山というとどうしても新鮮な海の幸に梅干し、フルーツという発信になっていたところを、ステーキや会席料理、精進料理、パン、カフェ、ラーメンなど、さまざまな客層に受ける情報に広げていただきました。

このような「多様性」は歴史・文化の分野では特に重要です。

こういった分野では、どうしてもマニアックと言うか、専門的な情報が多くなってしまいがちで、客の幅を狭めてしまいます。ですから、**意識的に多面性や多様性を訴えていくことが重要**なのです。

二条城では、歴史的背景、壁画の題材の意味、部屋の使い方、建築についての解説があります。これによって、さまざまなタイプの観光客が楽しめるようになるのです。

「ビジュアルの使い方を工夫せよ」

このような情報発信のポイントとともに、私がもうひとつ重要だと考えているのが、「ビジュアル」です。

文化財の解説のくだりでも申し上げたように、日本人の基礎知識と外国人の基礎知識には大きなギャップがあります。それと同様、もしかしたらそれ以上に、感覚にも大きな隔たりがあります。

たとえば、ＪＮＴＯの観光ホームページに載っていた次の写真をご覧ください。これを目にして、日本人なら「かつての日本らしい風景だな」とノスタルジックな感覚を覚え、さまざまな感情がこみ上げてくるのかもしれません。

しかし、**外国人は「古い電車だな」くらいしか感じません**。「So what?」です。特に美しい橋でもないし、自然をアピールしているわけでもなく、蒸気機関車のような特徴のある電車でもありません。**「普通の電車の写真を載せて何をアピールしたいのか、何を伝えたいのか」と困惑するだけ**です。

もう一度、客観的に見てください。これがイギリスだったとして、日本人のみなさんは30万円の費用と15時間もの移動時間をかけて、行きたくなるでしょうか。

このような状況を引き起こさないためには、**日本人の「常識的な感覚」を一度忘れて、「これを、日本についてまったく知らない外国人が見たらどう思うだろう」という視点で検証してみる**ことです。

“So what?” と思われてしまう写真の例

もちろん、実際に外国人に手伝ってもらうのがもっとも有効ですが、そういう人材もいない場合には、このようなイマジネーションを働かせるしかありません。

また、外国人である私から見ると、日本人というのはビジュアルなどのイメージを目にして、連想していくことが得意な人々という印象を受けています。テレビコマーシャルなども海外のものと比較して、相対的にメッセージが間接的で、曖昧な訴求が多い傾向があります。

つまり、情報の受け取り手側の連想に頼っている部分が多いのです。

そのような日本人の感覚で外国人観光客用のパンフレットを製作しても、彼らは日本人のようにビジュアルから連想することができません。彼らの感覚で連想できるようなものに「調整」していく必要があるのです。

海外でも数多くの賞をとっていることからもわかるように、日本の広告のレベルは全般的に、低いどころか非常に高い水準にあると思います。しかし、**観光のPRに関しては、そのような高い技術を駆使したアート的なものでは逆効果になってしまいます**。

特に海外への情報発信は、どんなに素晴らしくても、受け取り手側が理解できなくては何の意味もありません。世界にはさまざまな国があって、さまざまな感覚や常識がありますので、日本の高い広告技術よりも、あくまでも客観的なデータに基づいた情報発信をすべきではないでしょうか。

このように、国別にデータを分析していくという手法については、このあとの第7章でさらに深く考察していきたいと思います。

第5章
「誰に・何を・どう伝えるか」をもっと考えよう

ポイント①
同じ言葉でも、国によって受け止め方が異なる

ポイント②
知識の違いから、日本人にわかることが外国人にわかるとは限らない

ポイント③
文化の違いから、同じ写真でも別の印象を抱くことがある

アトキンソンの提言　日本がやるべきこと

**情報は
ネイティブにつくってもらい、
必ず「So what? テスト」
をしよう**

第6章

儲けの9割は「ホテル」で決まる

「高級ホテル」をもっと増やそう

観光の基本は多様性にあるという観点から、日本の観光戦略をさらに高度にしていくためには、今以上に客の幅を広げていくことが大事だと繰り返しお話しさせていただきました。

さまざまな国の観光客に訪れてもらう。さまざまな嗜好をもつ観光客に訪れてもらう。このような「観光の多様性」をさらに進めていくことが、2020年の4000万人、2030年の6000万人という目標達成につながっていくことが、よくわかっていただけたと思います。

しかし、2020年に8兆円、2030年に15兆円という観光収入目標を達成するという点を考えると、実は**もうひとつ必要不可欠な整備**があります。

それは**「価格の多様性」**です。とりわけ、**宿泊施設の価格**が肝要です。

言うまでもありませんが、**お金をたくさん落としてくれる富裕層に来てもらいたいと思っても、富裕層にふさわしい宿泊施設がなければ、富裕層は日本にやって来ません**。それはバックパッカーでも中流層でも同じで、それぞれの予算にふさわしい宿泊施設がなければ、やはり訪れてはくれません。

観光予算のうち宿泊費は最大の約25%を占めます。つまり、**ホテルの価格に多様性がなく、安いホテルばかりだと、仮に富裕層がやって来ても落としてくれる金額が限られ、結果として**

政府の観光収入目標は達成不可能になります。

観光客1人あたりが使う予算は現在、平均15万6000円ですが、政府はこれを2030年までに25万円にまで引き上げるとしています。これは、現在第46位と非常に低い「観光客1人あたりの使用金額世界ランキング」を、第10位まで上げることを意味します（図表4-6参照）。

アジアのリピート客と欧米の女性観光目的客を狙おう

それを実現するためには何をすべきでしょうか。

観光庁のデータに貴重な情報があります。図表6-1をご覧ください。これによると、全国籍で見れば**ビジネス目的の観光客が使う金額が平均約14万円**。一方、**観光目的の観光客は約15万円**です。観光目的とビジネス目的では、使う金額はそれほど違わないのです。

ここで注目していただきたいのが、図表の一番下、「アジア・観光目的」「アジア・ビジネス目的」「アジア以外・観光目的」「アジア以外・ビジネス目的」の4カテゴリごとの平均使用金額です。実は、全国籍で見たビジネス目的と観光目的の使用金額があまり変わらない原因は、**アジアからの観光目的客があまりお金を使っていない**ことです。

しかし、この4つのうち、**「アジア以外・観光目的」の平均使用金額が突出して高く、「アジア**

以外・ビジネス目的」の147%となっています。ここから、2030年の15兆円という目標を達成するためには、アジア以外から観光目的でやってくる人がひとつのカギとなることが浮かび上がります。

アジアに関してのもうひとつのカギは、1回目の訪日より、リピーターのほうがお金を使っていることです。2030年

図表**6–1**　**訪日目的別平均使用金額**

	観光目的（%）	観光目的使用金額（円）			ビジネス金額（円）
		全体	1回目	2回目	
韓国	78.1	66,359	62,581	68,624	83,450
台湾	82.9	121,351	113,027	123,456	118,036
香港	88.9	161,778	153,208	163,904	138,250
中国	75.1	228,374	221,944	241,502	211,509
タイ	71.8	132,243	113,631	142,439	102,122
シンガポール	67.7	169,406	154,095	176,309	152,590
マレーシア	59.2	140,902	129,195	156,480	125,208
インドネシア	52.1	140,748	131,725	155,229	102,739
フィリピン	53.3	119,113	107,791	131,732	106,719
ベトナム	33.7	229,924	229,524	230,216	134,427
インド	13.2	152,659	154,054	155,441	140,543
イギリス	50.1	218,772	227,512	195,990	104,543
ドイツ	39.7	209,962	219,331	185,436	106,356
フランス	60.6	215,298	219,621	206,184	125,258
イタリア	56.8	220,681	220,252	221,950	128,524
スペイン	69.9	234,654	227,465	267,703	103,438
ロシア	42.9	185,920	167,440	199,950	180,903
アメリカ	42.7	191,090	197,899	176,710	161,352
カナダ	59.5	159,719	160,022	158,574	138,918
オーストラリア	77.7	268,538	267,783	269,052	171,558
平均	73.6	153,138	—	—	143,343
アジア	76.6	146,968	142,798	158,667	142,729
アジア以外	53.0	213,751	211,925	209,061	145,423

出所：観光庁データより筆者作成

に向けて、リピート比率を高めることの重要性が示唆されています。

このデータのもうひとつ注目すべき情報は、**アジアからの訪日客では観光目的の比率が4分の3と非常に高いのに対し、アジア以外では約半分がビジネス目的であること**です。

図表6-2にありますように、**ビジネ**

図表**6-2**　ビジネス目的の率と男女構成比

	ビジネス目的（%）	構成比（%）	
		男性	女性
韓国	21.9	51.9	48.1
台湾	17.1	42.5	57.5
香港	11.1	43.2	56.8
中国	24.9	41.4	58.6
タイ	28.2	46.2	53.8
シンガポール	32.3	52.8	47.2
マレーシア	40.8	52.9	47.1
インドネシア	47.9	52.9	47.1
フィリピン	46.7	44.6	55.4
ベトナム	66.3	55.9	44.1
インド	86.8	86.3	13.7
イギリス	49.9	70.3	29.7
ドイツ	60.3	75.2	24.8
フランス	39.4	69.0	31.0
イタリア	43.2	69.2	30.8
スペイン	30.1	66.9	33.1
ロシア	57.1	54.4	45.6
アメリカ	57.3	68.2	31.8
カナダ	40.5	66.1	33.9
オーストラリア	22.3	58.8	41.2
平均	26.4	48.5	51.5
アジア	23.4	45.8	54.2
アジア以外	47.0	67.0	33.0

出所：観光庁データより筆者作成

ス目的の割合が増えるほど、男性の比率が高まります。その相関関係は、実に70％にのぼります。

そのため、アジアからの男性比率は45・8％なのに対し、アジア以外からの男性比率は、何と67・0％にもなっています。アジア以外から訪れる女性はたった97万人で、全体の4・2％にすぎません。

一般的に、男性より女性のほうが旅先で多くのお金を使う傾向があります。つまり、これらのデータからは、欧米などからの女性観光客を増やすべきという結論が導かれるのです。

欧州・アメリカから観光目的で訪れる訪日客が使う金額がビジネス目的の約1・5倍であることを考えると、欧州とアメリカに対する観光戦略を見直し、より多くの人に観光目的で来てもらえるようにすることの重要性が浮かんでくるのです。

もうひとつ気になるデータがあります。図表6-3をご覧ください。

「アジア・観光目的」の訪日客が宿泊に使う金額が平均3万4619円なのに対し、「アジア以外・観光目的」では8万4889円と、2・5倍も多いのです。

しかし、これはほぼ滞在日数の違いによるものです。アジアからの観光目的客の平均滞在日数は5・2日。それに対して、アジア以外からの場合は11・6日です。

逆に言うと、実は1日あたりの単価は、アジアからが6629円なのに対し、アジア以外は7323円と、それほど違わないのです。「アジア以外・観光目的」の訪日客は若い人が多いということもありますが、もっと高くても払ってくれるはずですので、やはり

宿泊施設の価格設

図表**6–3**　**総宿泊費と1日あたりの宿泊費（円）**

	全体			観光目的		
	滞在日数	宿泊費	1日あたり	滞在日数	宿泊費	1日あたり
韓国	4.5	22,090	4,909	3.3	20,450	6,197
台湾	7.4	33,634	4,545	5.2	31,233	6,006
香港	6.3	41,501	6,587	5.6	41,070	7,334
中国	11.8	44,126	3,739	6.1	43,548	7,139
タイ	9.9	34,532	3,488	6.0	37,986	6,331
シンガポール	8.0	58,462	7,308	8.0	57,633	7,204
マレーシア	11.7	41,047	3,508	6.9	44,889	6,506
インドネシア	15.0	47,117	3,141	7.0	46,770	6,681
フィリピン	28.3	33,192	1,173	9.0	34,608	3,845
ベトナム	35.4	49,314	1,393	9.3	63,609	6,840
インド	22.8	61,534	2,699	8.8	67,112	7,626
イギリス	12.6	80,131	6,360	12.3	87,700	7,130
ドイツ	14.0	78,849	5,632	14.2	83,871	5,906
フランス	16.0	75,462	4,716	14.7	86,825	5,906
イタリア	12.8	78,597	6,140	12.2	86,439	7,085
スペイン	14.0	92,211	6,587	12.9	95,139	7,375
ロシア	21.1	61,845	2,931	10.6	65,970	6,224
アメリカ	14.1	70,707	5,015	9.5	77,400	8,147
カナダ	12.8	55,366	4,325	10.7	53,727	5,021
オーストラリア	13.2	99,802	7,561	12.7	108,265	8,525
全国籍	10.1	42,182	4,176	6.0	39,263	6,544
アジア	9.1	35,916	3,968	5.2	34,619	6,629
アジア以外	13.9	76,338	5,481	11.6	84,889	7,323

出所：JNTOの2016年データより筆者作成

定を分析する価値は高いと推測できます。

ホテル業界の価格の多様性

後ほど詳しくご紹介しますが、２０３０年に15兆円という収入目標の達成には、訪日客の「客層の幅」を広げる必要があります。しかし、それだけでは不十分ですので、使用金額のなかでもっとも大きな比率を占める「宿泊費」を引き上げる必要もあるのです。

図表６-４をご覧ください。

世界の主要都市でホテルを展開しているマンダリンオリエンタル、フォーシーズンズ、インターコンチネンタルの国別宿泊費を比較したものです。少しデータは古いですが、１ドル１２０円で換算してみると、**フランスのマンダリンオリエンタルは日本の2・5倍、**

図表**6-4**　主要ホテルの国別宿泊費用（円）

	マンダリン オリエンタル	フォーシーズンズ	インターコンチネンタル
東京	55,000	53,000	32,800
香港	59,570	74,865	41,216
ニューヨーク	91,508	93,375	44,820
ジュネーブ	101,397	99,382	47,408
ロンドン	124,979	105,105	86,759
パリ	137,378	167,671	57,065

出所：各ホテル等の資料をもとにスパークス・アセット・マネジメント作成

フォーシーズンズにいたっては3倍以上となっています。

パリ、ロンドン、ジュネーブ、ニューヨーク、香港といえば、世界的に「観光都市」として評価されている地です。そこと東京のホテルの価格にここまで大きな開きが出てしまったのは、第3章で述べた「昭和の観光業」をあまりにも長く続けてきたことによる影響だと考えられます。

大量の客を効率的にさばくためには、サービスの均一化が必要になります。次から次へと訪れる客に対して個々の要望をいちいち聞いていたら、供給者側の負担が大きくなってしまうからです。**サービスの均一化は、価格の均一化を招きます**。つまり、国内観光客のボリュームゾーンである中間所得層が手を出しやすい「大衆価格」へ集約されていくのです。長年のデフレマインドもあいまって、世界基準から大きくくずれてしまいました。

それを如実にあらわしているのが、図表6-5です。

これは北海道のニセコの主要ホテルの部屋数と平均宿泊費の「幅」を調査して分類したイメージ図です。部屋数に関しては、10室以下から506室のヒルトンまで、さまざまな観光客のニーズに対応していることがわかります。

一方の宿泊費を見ると、もっとも高い「木ニセコ」のペントハウスが20万円を超えているだけ

図表6-5　ニセコ主要ホテル分類（イメージ）

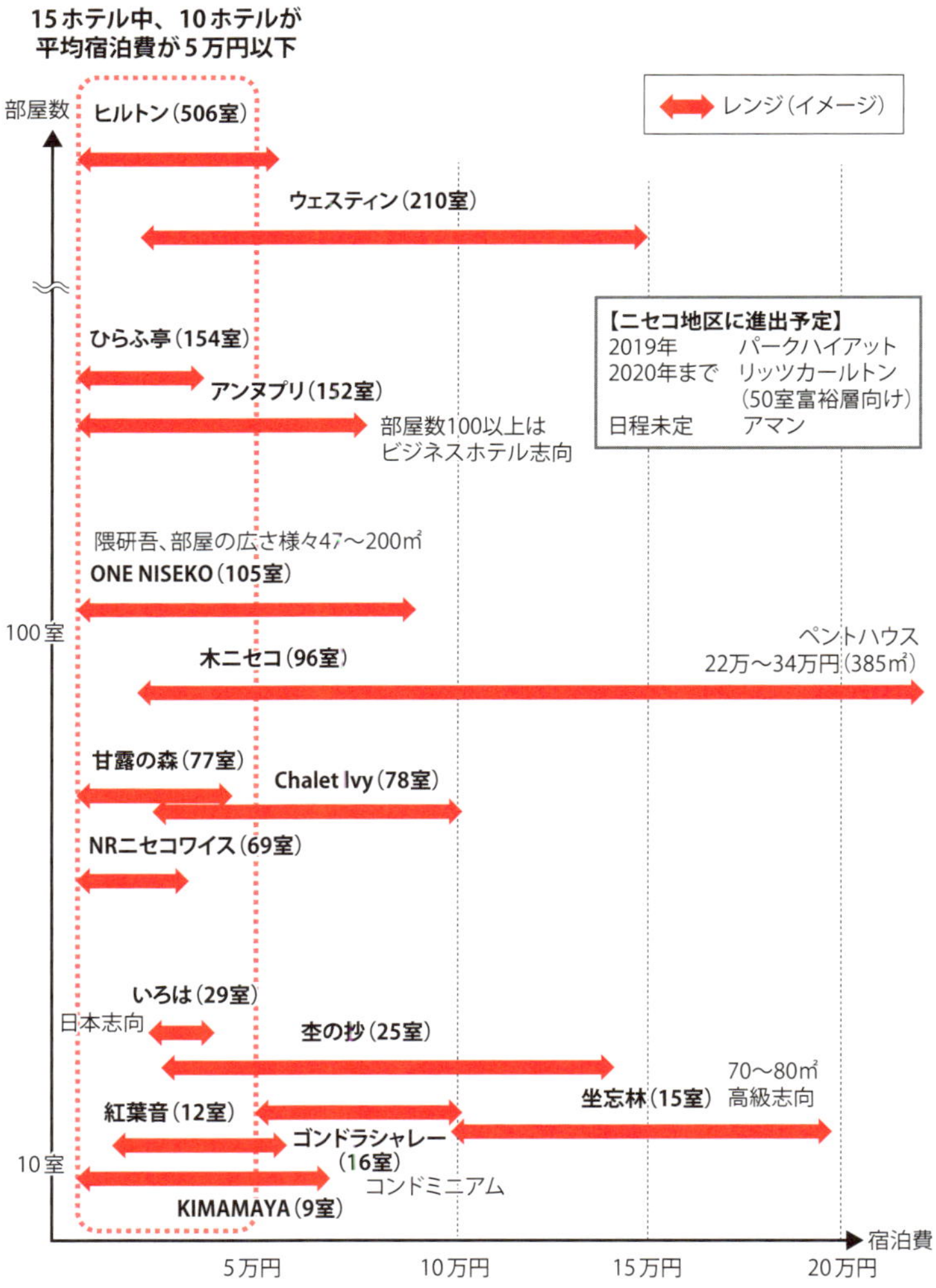

出所：各ホテル等の資料をもとにスパークス・アセット・マネジメント作成

で、15万円以上は15室の「坐忘林」のみ。高くても10万円程度で、**15ホテル中10ホテルの平均宿泊費が5万円以下に集中している**のです。

ご存じのように、ニセコといえば、その良質な雪と美しい自然を求めてヨーロッパやオーストラリアなどから長期滞在の観光客が訪れる、国内屈指のリゾート地です。近年では外国人向けの別荘やコンドミニアムもつくられ、多言語対応のレストラン、バーなども点在し、日本でももっとも進んだ観光整備がなされている地域です。

そんな**ニセコですら「価格の多様性」ということでは十分とは言えません**。

いくら外国人観光客が増えたとはいえ、ニセコには国内観光客も多く訪れます。そのため、どうしても日本の観光客の手が届きやすいほうへと引きずられ、リゾートでありながらもボリュームゾーンが「大衆価格」になってしまっているのです。

つまり、**価格的には「高級リゾート」ではなく、「大衆リゾート」だという現状**があるのです。

富裕層が日本の有名スキーリゾートであるニセコへ遊びに来ようと思ったら、どこに泊まればいいのでしょうか。もし「木ニセコ」の20万円のペントハウスや、15万円の「坐忘林」が埋まっていたら、5万円のヒルトンに泊まってもらうしかありません。

「上客」を迎えるうえで、こんなにもったいない話はありません。

「5つ星ホテル」が足りない日本

このホテル問題が非常に深刻だということは、世界のデータを見れば明らかです。ここでさらに分析を進めていくと、「5つ星ホテル」の重要性が浮かび上がります。

Five Star Allianceという、有名な「5つ星ホテル」の情報サイトがあります。その139カ国にわたるデータによると、2017年5月現在、登録されている世界の「5つ星ホテル」の数は3236軒。「5つ星ホテル」が登録されている国々の2015年の国際観光客数は11億4907万人ですので、1軒あたりの外国人観光客は35万5090人になります。

国別にインバウンドの外国人観光客数と「5つ星ホテル」数の相関関係を見てみると、相関係数は68・1%。集客にも大きな影響があることがうかがえます。

しかし、それより注目すべきは、外国人観光客が落としてくれるお金、国際観光収入との関係です。

もちろん、高いホテル代を支払ってくれる観光客が来れば来るほど単価が上がりますので、人数より収入が先行して増加するのはあたりまえなのですが、それでも計算してみると、**5つ星ホテルの数とその国の観光収入との間に、なんと91・1％という驚きの相関係数が見られました。**

ここから浮かび上がるのは、**観光戦略の成否は「5つ星のホテル」によって決まると言っても過言ではないという事実**です。

世界の観光収入の16・5％を稼ぐアメリカ

いつも申し上げているように、外国人観光客をたくさん呼ぶことも大事ですが、国際観光収入を上げていくことが「観光大国」になる最短ルートです。**観光客1人あたりが落とすお金を最大化していくことで、観光を大きな産業へと成長させることができ、そのお金が社会へ還流する**というモデルです。

その最たる例が、アメリカやカリブ海の島国、タイなどです。

アメリカは、国際観光客数で見ると世界一のフランスに及ばず第2位というポジションで、全世界の国際観光客数に占める訪米外国人観光客の比率は6・7％です。しかし、国際観光収入で見るとフランス（第4位）に大きく水をあけて、アメリカは世界一となっています。

アメリカはなんと、6・7%の観光客から、世界の観光収入の16・5%を稼いでいるのです。

つまり**アメリカは、もちろん観光客数も多いのですが、それ以上に外国人観光客にお金を落とさせている**のです。なぜアメリカは外国人観光客にここまでうまくお金を落とさせているのでしょうか。

それを分析していくと、先述した観光収入と「5つ星ホテル」の数の関係がカギのひとつとなっていることがわかります。

図表6-6にありますように、**アメリカにはなんと755軒もの「5つ星ホテル」があります**。これは全世界の「5つ星ホテル」の23・3%を占め、断トツの世界一です。外国人観光客1人あたりの観光収入で見ると世界第6位。**この高い水準は、高級ホテルの圧倒的な多さが生み出している可能性**があるのです。

一方、**観光大国のフランスには、「5つ星ホテル」は125軒しかありません**。なぜ世界一外国人観光客が訪れているにもかかわらず、1人あたりの観光客収入が世界第108位なのかという疑問の答えのひとつが、このあたりにあるのは明らかです。

ちなみに、**外国人観光客1人あたりの観光収入が世界第46位の日本には、Five Star Alliance に**

図表6-6　国別「5つ星ホテル」の状況

	「5つ星ホテル」数（軒）	人口（万人）	「5つ星ホテル」1軒あたり人口（万人）	外国人観光客数（万人）	「5つ星ホテル」1軒あたり外国人観光客数（万人）	観光収入（100万ドル）	外国人観光客1人あたり観光収入（ドル）
アメリカ	755	32,412	42.9	7,751	10.3	204,523	2638.7
イタリア	176	5,980	34.0	5,073	28.8	39,449	777.6
中国	132	138,232	1047.2	5,689	43.1	114,109	2005.9
イギリス	129	6,511	50.5	3,444	26.7	45,464	1320.2
フランス	125	6,467	51.7	8,445	67.6	45,920	543.7
タイ	110	6,815	62.0	2,988	27.2	44,553	1491.0
メキシコ	93	12,863	138.3	3,209	34.5	17,734	552.6
インド	84	132,680	1579.5	803	9.6	21,013	2617.8
スペイン	84	4,606	54.8	6,822	81.2	56,526	828.6
カナダ	78	3,629	46.5	1,797	23.0	16,229	903.1
UAE	78	927	11.9	999	12.8	16,308	1632.4
スイス	71	838	11.8	931	13.1	16,198	1740.8
ギリシア	68	1,092	16.1	2,360	34.7	15,673	664.1
ドイツ	64	8,068	126.1	3,497	54.6	36,867	1054.2
オーストラリア	62	2,431	39.2	744	12.0	29,413	3951.2
インドネシア	57	26,058	457.2	1,041	18.3	10,761	1033.9
トルコ	55	7,962	144.8	3,948	71.8	26,616	674.2
モルジブ	36	37	1.0	123	3.4	2,567	2080.2
南アフリカ	35	5,498	157.1	890	25.4	8,235	924.9
アイルランド	32	471	14.7	881	27.5	4,793	543.9
ポルトガル	29	1,030	35.5	1,018	35.1	12,606	1238.8
日本	28	12,632	451.2	2,490	88.9	30,000	1204.6
モロッコ	27	3,482	129.0	1,018	37.7	6,003	589.9
シンガポール	27	570	21.1	1,205	44.6	16,743	1389.2
ニュージーランド	26	457	17.6	277	10.7	8,910	3214.3
ベトナム	26	9,444	363.2	794	30.6	7,301	919.1
オーストリア	24	857	35.7	2,672	111.3	18,303	685.0

出所：Five Star Alliance、UNWTOの2015年データより筆者作成（日本は2016年データ）

登録されている「5つ星ホテル」はわずか28軒しかありません。世界第22位です。東京だけで見ると18軒の「5つ星ホテル」がありますが、これは都市別ランキングで第21位にすぎません(図表6-7)。やはり、きわめて少ないと言わざるをえません。

多少漏れているホテルもあるかと思いますが、大まかには実感値に近いと言えるでしょう。大量に漏れているとは考えにくいので、やはり**日本には「5つ星ホ**

図表**6-7**　都市別「5つ星ホテル」数ランキング

	5つ星ホテル数（軒）	ランキング
ロンドン	75	1
ドバイ	59	2
パリ	57	3
ニューヨーク	56	4
バリ島	42	—
ロサンゼルス	39	5
上海	33	6
バンコク	33	7
ローマ	32	8
ワシントンD.C.	31	9
北京	30	10
シンガポール	27	11
フィレンツェ	26	12
イスタンブール	26	13
香港	23	14
サンフランシスコ	23	15
ラスベガス	23	16
シドニー	23	17
ベネチア	23	18
シカゴ	21	19
ボストン	19	20
プラヤ デル カルメン	19	—
東京	18	21

出所：Five Star Allianceより筆者作成

テル」が足りないと結論づけていいと思います。

インドネシアには57軒（バリ島だけで42軒）、ベトナムにも26軒の「5つ星ホテル」がありますし、トップテンの国々は世界の観光大国ランキングの上位陣が占めていることもわかります。

日本のホテルに「大衆価格」が多いことからすれば特に驚くべき数字ではありませんが、こちらでも国際観光収入と5つ星ホテルの数に因果関係があることがうかがえます。

ここで注目すべき国はタイです。

タイを訪れる外国人観光客が落とす金額の平均は、世界第26位。ドル換算で、日本より物価がかなり安いにもかかわらず、日本の第46位よりもかなり高い順位なのです。

その理由のひとつはやはり、「5つ星ホテル」の数です。**日本の28軒に対し、タイには110軒の「5つ星ホテル」があります**。これは世界第6位。実は、タイは観光収入でも世界第6位で、購買力調整をすると第3位まで上がります。先述したように、タイには日本の何倍も、欧州からの観光客が訪れています。彼らが「5つ星ホテル」に泊まっていることは明らかでしょう。

「5つ星ホテル」数を見れば、なぜメキシコやトルコ、タイなどが、観光客数や観光収入で日本を上回っているのか、その理由が一目瞭然なのです。

日本に必要な「5つ星ホテル」数はいくつなのか

では、日本にはいったい何軒の「5つ星ホテル」が必要なのでしょうか。

2020年の4000万人、2030年の6000万人という目標を、世界平均である「5つ星ホテル」1軒あたりの外国人観光客数35万5090人で割ると、**2020年には113軒、2030年には169軒の「5つ星ホテル」がなくてはならない**試算となります。

外国人観光客が2900万人訪れているタイに110軒、3200万人訪れているメキシコに93軒あることから考えると、まったく違和感のない数字ですが、今の日本にはその3分の1にも満たない数しかないというのは、かなり深刻な事態ではないでしょうか。

別の計算をしてみましょう。

2030年の外国人観光客数の目標は6000万人、1人あたりの使用金額の目標は25万円です。

ここで1人あたり使用金額が約25万円の国々の「5つ星ホテル」1軒あたり外国人観光客数を計算してみると、21万人弱という数字になります。日本の6000万人をこの21万人で割ると、

290軒の5つ星ホテルが必要になる計算となります。

危機感をもっていただくためにも、もうひとつの興味深いデータをご覧に入れましょう。

図表6-8はビジネス機の国別保有機数をグラフにしたものです。「高級ホテル」を常宿にしているような富裕層たちは、プライベート・ジェット機で世界を飛び回ります。**「5つ星ホテル」が世界一多いアメリカは、1万9153機と断トツですが、他にもドイツ、フランス、イギリスなど、世界の「観光大国」が並んでいる**のです。

一方、日本はどうかというと、57機しかありません。

図表**6-8**　ビジネス機の国別保有機数

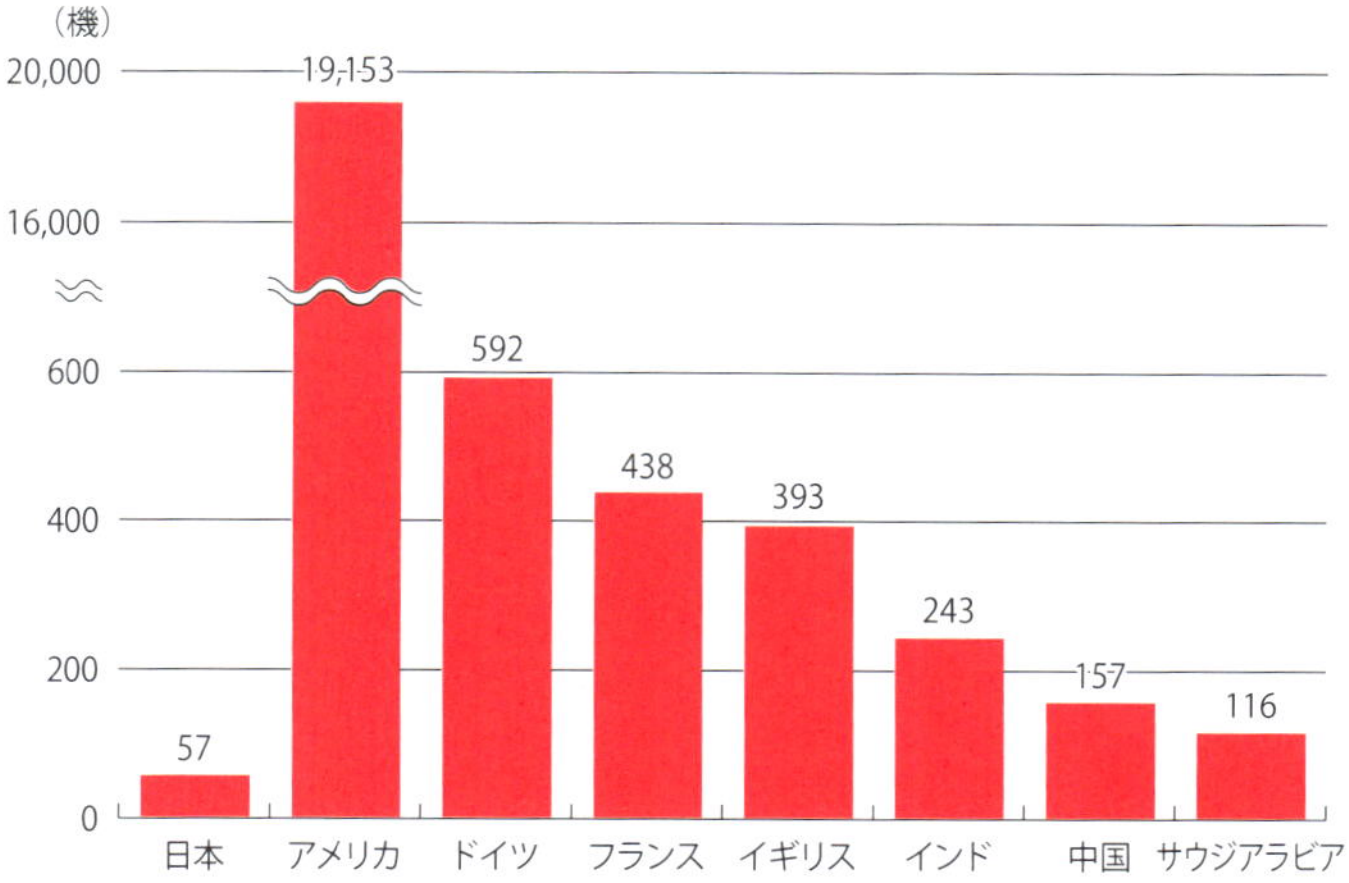

出所：航空局データ（2016年）、フライトグローバル社データ（2011年、公用機および軍用機含む）より筆者作成

図表6-9は、日本におけるビジネスジェットの発着回数の推移です。

この数年の政府の観光戦略改革によって着実に増加してきましたが、まだまだ少ないと言えます。やはり、ビジネスジェットで来るような客にとって泊まりたいホテルが不足していることも影響していると考えられます。

「観光大国」の多くが富裕層を受け入れるインフラをしっかり整備していることが、おわかりいただけたと思います。日本も同様の整備を急ピッチで進めていかなくてはいけないというのは、自明の理でしょう。

事実、最近は政府がプライベート・ジェット機の受け入れ態勢を整備しており、来日

図表6-9　日本におけるビジネスジェットの発着回数（国際）

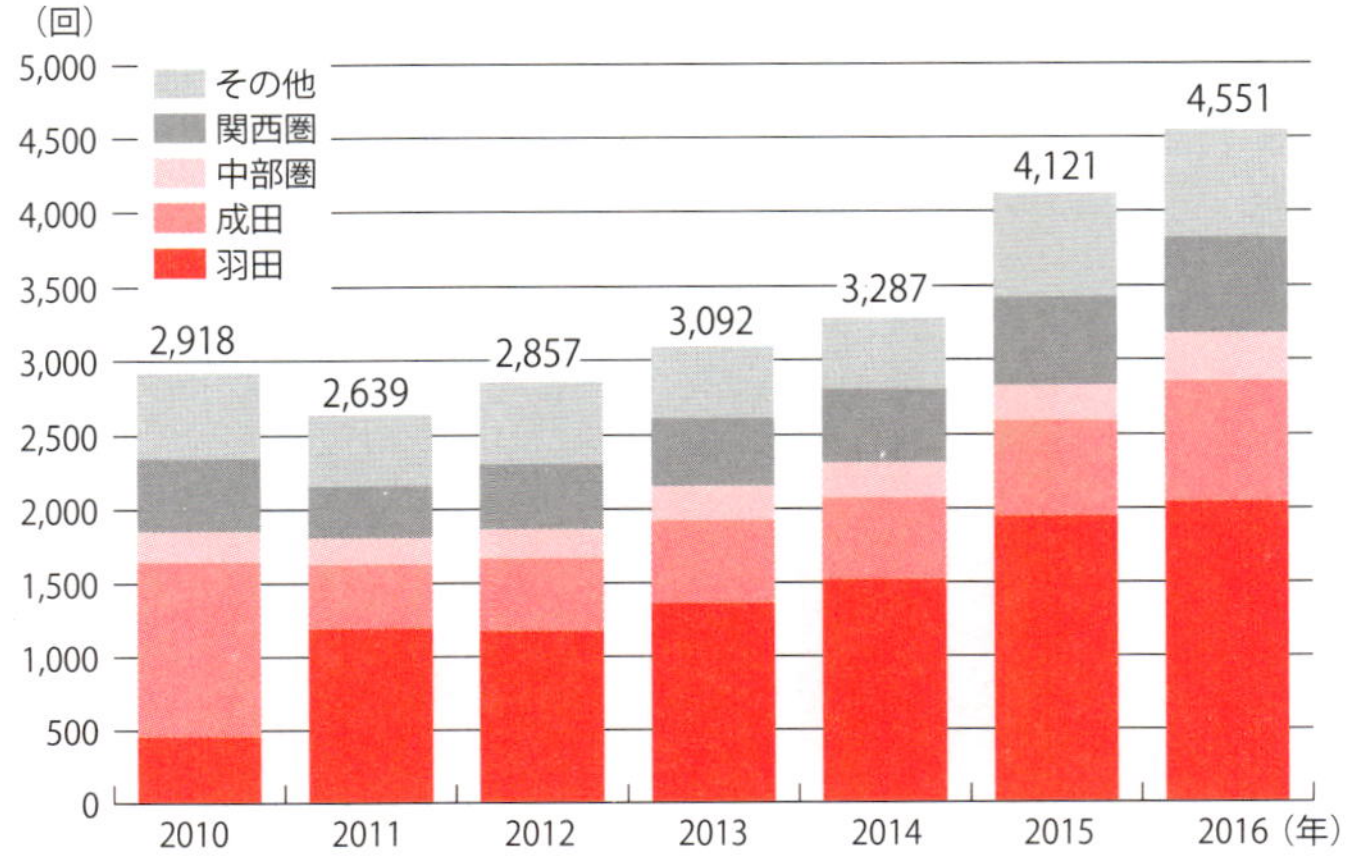

出所：国土交通省資料

の回数は激増しています。

日本は航空交通インフラが不足している

ここで、気になるデータがあります。

WEFによると、**日本の航行交通インフラのランキングは世界第18位で、他の観光大国に比べてやや低く出ている**ことです（図表6-10）。その要因を見ると、**1000人あたりの機材数が少なく、空港の密度が薄い**ことが見えてきます。

これは、一般のイメージとは真逆ではないでしょうか。**人口比で見ると、実は日本は「空港が少ない国」**なのです。この事実と、プライベート・ジェット機の受け入れが少ない点は、無関係ではないでしょう。

図表**6-10**　航空交通インフラのランキング

	ランク	点数	航空交通のインフラの品質	国内線定期便週あたりの利用可能な座席キロ数	国際線定期便週あたりの利用可能な座席キロ数	1000人あたりの離陸数	人口に対する空港の密度	運行中の航空会社数
スペイン	9	5.0	14	12	8	33	59	7
フランス	13	4.9	13	18	7	39	58	2
ドイツ	12	4.9	12	22	4	32	107	3
日本	18	4.6	24	4	6	44	97	15
イギリス	8	5.2	18	24	2	23	56	3
アメリカ	2	6.1	9	1	1	15	26	1
オーストラリア	4	5.7	37	8	9	16	11	34
イタリア	23	4.4	60	15	16	61	71	6
タイ	20	4.6	42	13	11	50	67	10

※座席キロ数とは飛行距離
出所：WEFデータより筆者作成

同様に、クルーズ船の受け入れ体制を充実させることも大切です。

日本は陸上交通と港湾インフラのランキングが世界第10位ですが、それは鉄道のすばらしさを反映した順位で、港湾の質だけで見ると第22位にとどまります。2020年の4000万人のうち、500万人をクルーズで誘致するという政府の計画を実現するためには、このランキングを高める必要があるでしょう。

ホテルの単価向上は2030年目標達成に不可欠

前著『新・観光立国論』でも、日本には世界の富裕層たちが宿泊して、そのサービスに満足してお金を落としていく「高級ホテル」がないということを、データに基づいて指摘させていただきました。

日本国内で「高級ホテル」と呼ばれているニューオータニや帝国ホテルは、たしかに品質の高いサービスを提供していますが、一方で世界の高級ホテルと比較するとあまりにも「単価」が低すぎるのです。

もちろん、すべてのホテルの「単価」を上げろなどと主張しているわけではありません。

しかし、飛行機に乗って長い時間と高い費用をかけて訪れる外国人観光客のためにより単価の高いホテルを整備する価値は高いはずです。2020年の8兆円、2030年の15兆円という観光収入の目標を達成していくためにも、これまで日本の観光業がほとんど意識してこなかった、**1泊10万円以上を支払うことに抵抗のない「上客」への対応をしていく必要がある**と申し上げているのです。

数字で見ればわかります。図表6-11は、2030年の目標である6000万人を達成し、しかも欧州からの訪日客を増やし、なおかつビジネス目的を世界平均の16%に抑えられると仮定して、いまの単価をかけたシミュレーションです。**平均使用金額は約16万円と、目標の25万円には届きません**。やはり、最大の支出項目である宿泊費を増やす必要があることがわかります。いまのままでは、**2030年の観光収入は9・8兆円程度**にしかなりません。

図表**6-11**　2030年のシミュレーション

	ビジネス目的		観光目的		全体	
	人数（万人）	単価（円）	人数（万人）	単価（円）	合計人数（万人）	総単価(円)
欧州	210	117,107	1,100	217,261	1,310	201,236
アジア	602	142,729	3,158	146,968	3,760	146,290
アメリカ	70	159,759	370	211,966	440	203,613
その他	80	143,343	420	153,138	500	151,571
	962	138,442	5,048	167,562	6,000	163,174

そういう対応は富裕層が来るようになってからすればいいという人もいますが、「高級ホテル」をはじめとした「富裕層向け」の整備をする前に、どうしたら彼らを呼んでくることができるというのでしょうか。順番がまったく逆なのです。

日本のホテルが抱える2つの大問題

ここから見えてくるのは、日本のホテル業がはらむ2つの大きな問題です。

まず、1泊10万円以上を払う「上客」をどう招致して、どういうサービスを提供すればよいかがわからないということです。日本のホテルは長く、日本の観光市場だけを向いてきたので、このような「上客」が世界にはたくさんいるという現実すら把握していないところも多いようです。

もうひとつは、日本のホテル関係者の多くが、高級ホテルとは「施設のグレードが高い」ホテルのことだと思っていて、ハードとソフトと価格の関係を十分に理解していないという問題です。

日本で「高級ホテル」と呼ばれる施設は、たしかにハード面では世界の高級ホテルと遜色ないところもあります。しかし、**ソフト面ではお世辞にもそうとは言えない**現実があります。

日本には「5つ星ホテル」が28軒しかないと指摘すると、「日本の既存のホテルの素晴らしさが過小評価されているだけだ」と拒否反応を示す方がいます。こういった方は、今の日本のホテルの中身は変えずに、日本型の「5つ星ホテル認定制度」をつくって、百数十軒登録すればいいなどと主張されたりします。

しかし、私はそれは間違っていると思います。やはり、日本のホテルは「昭和の観光業」の常識の下、国内観光客の「量」を重視してきたので、富裕層向けの整備がなされていません。「5つ星ホテル」認定制度をつくる意味はあると思いますが、それはあくまでもグローバル・スタンダードに合わせることによって、**ホテル業界にレベルアップを促す**ことを目的とすべきです。

海外では、1泊5万円のホテルと1泊20万円以上のホテルの最大の違いは客室や設備の豪華さだけではありません。**スタッフの質とそのスタッフが提供するサービスこそが肝心**なのです。

たとえば、日本の温泉宿のように「門限は10時です」といった感じでフロントに誰もいなくなってしまうことはありません。食事のメニューを選べなかったり、毎日同じメニューが続いたりもしません。24時間のルームサービスがあったりします。何日滞在しても24時間楽しめるようなさまざまなサービスを提供しているのです。さらに、コンシェルジェがホテル館内の設備を利用する以外にも、周辺観光や買いものを楽しめる情報を教えてくれたり、さまざまな相談に乗ったり、その手配をしてくれたりします。図表6-12は、海外における「星」の概念を示したものです。

そのため、**海外の本当の上客向け「5つ星ホテル」などの場合、ひとつの部屋に対して、4人のスタッフが必要**と言われています。

その4人も、**ただ人数をそろえればいいというわけではありません**。掃除をする人でも、レストランの開店時間から近くにある観光資源の情報まで、さまざまなことを把握し、客の要望に瞬時に応えられるようにしていると言われます。

後ほど具体例で説明しますが、日本のホテルの場合は、掃除をしているスタッフに近隣の観光資源について聞いても、おそらく「聞いて来ます」「パンフレットをもって来ます」「わかりません」「できません」としか応えられないでしょう。これは教育と経営方針の違いです。

このような4人がかりのサービスに慣れている富裕層たちが、日本のホテルに対して「物足りなさ」を感じてしまうのは、ある意味であたりまえと言えるのではないでしょうか。

この基準をベースにすると、日本の「旅館」が抱える課題が見えてきます。

図表6-12　「星」の概念

★　**1つ星**

実用的な許容範囲内の施設。設備とサービスは限定的。清潔な環境。75%以上の部屋に浴室とトイレがある。

スタッフは対応が良く、館内滞在のニーズに応えている。本人と宿泊していない同伴者のために朝食がある。

種類が限られても、アルコールを提供できるバーなどがある。

簡単に言えば「**acceptable**」

★★　**2つ星**

より充実した設備と、より客に合わせたサービス。寝室はより快適で、カラーテレビなどがある。

館内のレストランは毎日の朝食と、最低5日間の夕食を提供。食のレベルがもう少し高い。

簡単に言えば「**good**」

★★★　**3つ星**

公共スペースが広い。客室はより快適で、設備はより充実している。

レセプションには常に人がいて、よりフォーマル。軽食の昼食やスナック、幅広い飲み物を提供している。上質なバーかラウンジがある。

軽い朝食のルームサービスやランドリーサービスがある。

簡単に言えば「**very good**」

★★★★　**4つ星**

優れた快適性と質の高い客室。公共スペースが広く、食のレベルが高い。

スタッフは経験が豊富。対応が細かく、個人のニーズに応えられる。

毎日24時間、軽食や飲み物を含めたルームサービスを提供。

簡単に言えば「**excellent**」

★★★★★　**5つ星**

施設は家具もインテリアデザインも含めて豪華な快適さ。客室も広くて、設備も幅広く充実している。

食事のレベルは国際的に最高水準。スタッフは優秀で、あらゆるニーズに対応する。

簡単に言えば「**exceptional**」

出所：英国政府観光局

いまの旅館は、「昭和の観光」に合わせた形となっています。1泊2日か2泊3日しか泊まらない日本人に合わせた結果、お風呂以外の、たとえばバーなどの施設があまりなく、ルームサービスなどの客対応も充実していません。自分たちでは「5つ星ホテル」のレベルだと思っていても、条件を満たしていないところが圧倒的に多いのです。

これでは、**長期滞在する世界の富裕層向けに旅館を「転用」するのは、きわめて難しい**でしょう。

日本人は人件費が高いから、世界の「5つ星ホテル」レベルのサービスは無理だと言われることがありますが、本当にそうでしょうか。追加コストは価格に転嫁すればいいだけですし、今の日本の所得水準は残念ながら先進国最下位ですから、なおさら可能なはずです。実際、どこの先進国でもできていることです。

先日、私が尊敬する星野リゾート代表の星野佳路氏が、東洋経済オンラインで次のように発言していました。

「たとえば、『星のや東京』では84室に対し、120人のスタッフしかいません。外注はゼロです。当然スタッフ数は少なく済むため、生産性も上がります。それがオーナーに対し、私たちが高いリターンを提供できる根拠となっており、他のライバル企業との差別化を可能にしています」

ひとつの考え方だとは思います。しかし、1つの部屋に4人のスタッフが必要という、世界の「5つ星ホテル」の常識とは違います。

日本の高級と言われるホテルでは、**一流のハードを用意して価格を高くする一方、スタッフの数、場合によっては質まで抑えることで賃金負担を軽くし、投資家のリターンを高めるモデル**をよく目にします。このようなモデルは、競争が少ない今は成立すると思いますが、**将来的には通用しなくなる**と考えています。「観光立国」という目標に貢献していない可能性も高いでしょう。

日本のホテルが、このような世界の「上客」たちが求めているソフトのレベルを満たしていないという点については、後ほどデータを用いてさらに詳しくご説明したいと思います。

「ハードさえ良ければ」という安直な発想

こういった説明をすると、「郷に入っては郷に従え」という日本的な考え方から、そもそも国際競争力をつけることの必要性を疑問視してくる方もいます。しかし、何度も申し上げているように、「郷に従え」という圧力があまりにも強い国には、外国人観光客たちの「だったら、郷に入らない」という心理が働くことを忘れてはいけません。

特に、**世界のさまざまな観光都市を選択できる富裕層にとって、「郷に従え」という上から目線のホテルに、我慢をしてまで宿泊するメリットは何もありません。**

事実、日本には、世界の「5つ星ホテル」を常宿としているような富裕層たちはほとんど訪れていないことがうかがえます。これは、5つ星のホテルの数と訪日観光客の国籍、および訪日観光客の落とす金額の平均からして明らかです。

この問題は「郷に入っては郷に従え」では解決できないのです。

日本のホテルに寄せられる苦情

一方、そのような国際基準に合わせることに懐疑的な方たちとは別に、国際競争力を上げるということ自体を勘違いしている方もいます。

具体的に言うと、それは**「日本のホテルのハードは世界レベルなのだから、価格を世界レベルに引き上げればいいのだ」という安直な考え方**といえましょう。

この勘違いは、かなり危険です。

これまで著書や講演で主張してきたように、**日本のホテルなどで見かけるユーザー目線に欠けた「おもてなし」は、外国人観光客にあまり評判が良くありません。**このインターネット時代、そのようなネガティブな苦情は、世界の誰にでも簡単に見られてしまいます。

日本の魅力を世界に発信しようという取り組みの足を引っ張ることになってしまうのです。

世界に誇る日本の「おもてなし」にそんなに苦情が寄せられているはずがないと言う方もいらっしゃると思いますので、以下ではいくつか事例を示したいと思います。

ポイントは、「おもてなしのよし悪しを決めるのは供給側ではなく客側である」の一言に尽きます。批判や糾弾をしたいわけではなく、この生の声を活かして建設的な議論をさせていただくためのものですので、そのあたりをご理解いただいたうえでご覧ください。

世界一の観光口コミサイトとして知られるトリップアドバイザーには、世界中のさまざまなホテルのレビューが寄せられており、２０１７年３月の時点で**レビューされている東京のホテルは785軒です。パリが1794軒、ロンドンが1086軒**ということをふまえると、かなり少ない印象を受けます。

日本が目指すべき訪日観光客数を考えると、やはりこのあたりの整備がまだ不十分だということがうかがえますが、それよりも興味深いのは、外国人観光客のレビューの内容です。

たとえば、京都のベストホテルをランキングで見ると、トップは「料理旅館 白梅」です。2017年4月1日時点で408件のレビューがあって、5点満点は389件、4点は15件、3点は3件、2点は1件という驚異的な高評価です。

しかも、2点をつけたのは日本人観光客で、料理に対する評価でした。日本の観光客がいかに料理に対して高いレベルを求めているのかということのあらわれではないでしょうか。

第2位は、祇園白川沿いにあり、日本の伝統的な装飾とヨーロッパや中国のアンティークのコラボレーションが売りのデザインホテル「Mume」(ムメ)です。レビューは672件あって、5点満点は633件、4点は28件、3点は9件、2点は2件です。1点はありませんでした。

面白いことに2点を書き込んだのは「白梅」と同様、日本人観光客でした。3点も6件は日本人、3件が外国人観光客で、そのうちの2件は「サービスが過剰だった」ということでした。過剰というのは、お辞儀のしすぎ、サービスがくどいということだったようです。

第3位は**「ザ・リッツ・カールトン」**です。

「5つ星ホテル」ですので、京都のなかでもかなりグレードの高いホテルです。こちらのレビューは879件で、5点満点は728件。2点は13件。1点が15件ありましたが、こちらも興味深いのはうち日本人が12件を占めていたということです。

3件の外国人観光客たちの指摘は、**ショッピングするためのいい店を教えてもらったが、行ってみたら休日で、時間を無駄にさせられた**というものや、**食事の提案が無難すぎた**など、ソフト面への苦情でした。お店の提案に責任をもっておらず、料理もその人のニーズに応えようとしていないのです。

「例外的なコメントを一般化するな」と反論される前に申し上げておくと、この類のコメントはかなり多く見受けられます。

トリップアドバイザーの「5つ星ホテル」はリッツカールトン以外にも3軒ありますが、総じてランキングは高くありません。たとえば、「柚子屋旅館」は第63位、「翠嵐ラグジュアリーコレクションホテル」は第66位、「フォーシーズンズホテル京都」は第92位です。これらのホテルの順位が低い理由は、苦情の多さです。

「フォーシーズンズホテル京都」も97件のレビューのうち1点が7件、2点が6件と、こちらも低評価の比率が高くなっています。1点のレビューコメントのなかには、すぐ近くに店があるのにマニキュアの手配をしてくれなかったなど細かい苦情から、以下のようにかなり厳しいものもあります。

「phenomenal facilities, terrible service」（すばらしい設備、ひどいサービス）
「poorly trained staff」（未熟なスタッフ）
「gorgeous facility ruined by incompetent service」（せっかくの設備がサービスで台無し）

先ほど申し上げたとおり、高級ホテルのハードがすばらしいのはあたりまえで、より大切なのはスタッフです。ハードが良くて、スタッフがしょっちゅうお辞儀をしていれば、それで海外と同じように高い料金がとれるわけではないのです。

「4つ星ホテル」になるともっと厳しい声もあります。
たとえば、「星のや　京都」の価格はかなり高額ですが、ランキングは第71位となっています。星のやはかなり個性的なスタイルですから、意見が分かれるのはある意味で当然ですが、226

件のレビューのうち5点満点は120件しかありませんし、2点は14件、1点は7件となっています。やはり、「感動した」という人は設備に言及していることが多いのに対し、クレームとして書かれているのはスタッフへの不満なのです。

これらの低い評価をまとめると、**スタッフは非常に親切だけれども、さまざまなことを頼んでも、ホテル館内の直接的なサービス以外はやってくれない**という苦情が多いことに気づきます。

ほかには、設備は素晴らしいのに、エンターテインメントがなくて、食事もそこまで感動するようなものが出てこなかったという声もありました。

ハード一流、サービス二流の日本のホテル

このような京都のホテルのレビューから浮かび上がるのは、**ホテル事業者側が考えるソフトと、観光客側のソフトに対する価値観に大きなギャップがある**ことです。

ハード面がいくら素晴らしくても「一流ホテル」とは評価されません。また、**スタッフがどれほど頭を下げ、親切であっても、ホテルに直接的に関わるマニュアル通りのサービスしかしなければ「一流ホテル」ではない**のです。「5つ星ホテル」の基準を見ても、それは明らかです。

「一流ホテル」を頻繁に利用するような「上客」にとって「一流ホテル」というのは、ホテルとしての設備やホテル館内で宿泊者が受けられるサービスが充実していることは当然として、**ショッピングの案内から明日行くレストラン、アクティビティ、エンターテインメントなどの提案やコーディネートまで含めた「ホテル館外のサービス」がどれだけ充実しているかが重要なポイント**になります。「あらゆるニーズに対応する」ことが基準なのです。

このギャップを象徴するのが、昨年、伊勢志摩にできたホテル「アマネム」です。世界の富裕層から支持されるアマングループのホテルで、「アマネム」も価格的にはかなりの高級ホテルですが、レビューはやはり高くありません。トリップアドバイザーでは、伊勢志摩のホテルは83軒レビューされていますが、そのうちの第10位という評価となっています。27件のレビューのうち5点満点は15件のみ、2点と3点は2つずつで、やはり京都の「5つ星ホテル」や「4つ星ホテル」と同じような指摘が目立ちます。

エンターテインメントが充実しておらず、食事も毎日同じようなもので驚きがなく、観光案内や昼間の楽しみの提案がないか、あってもレベルが低いというのです。つまり、ハードは素晴らしく一流、値段も一流だが、ソフト面に不満を感じる人が多いのです。

以前どこかで星野社長がご指摘されていたとおり、たしかにこれまでは、館外サービスの提供には規制の問題がありました。旅行商品の販売は旅行業法で規制されており、ホテルによる販売が難しかったのです。

しかし**2017年の法改正で、この規制が緩和される見込み**です。この機を活かして、ホテルの館外サービス充実を期待しています。

ここで紹介したホテルの関係者からは、反発が起きることが予想されます。しかし、ここであえてレビューをとりあげたのは、私がどう思う、ホテル側がどう思うといった感情論に基づく非建設的な議論を避けるためです。大切なのは、あくまで実際の利用者がどう思っているかです。

これが「価格の多様性」だ

「ホテルのハードだけを世界レベルに引き上げていけば、価格を世界レベルに引き上げられる」という勘違いが、いかに危険かということがわかっていただけたのではないでしょうか。

海外の観光客、特に富裕層は、ホテルの価格が高くなればなるほど、劇場やコンサートのチケットの手配から、何を買って、何を食べて、どのように遊んでという観光のトータルコーディネートをするのが当然だと考えます。

だから、そのような幅広い対応力こそが、ホテルの「質」のひとつだという評価なのです。

しかし、残念ながら日本のホテルの多くは、施設の豪華さや、掃除、ベッド、宿泊している館内の手厚いサービス、スタッフの親切さ、料理の味などが「質」だという考えが非常に根強いため、このあたりだけをブラッシュアップすれば、高い宿泊費をとってもいいと考えているのです。

しかし、世界の一流ホテル並みの料金にするには、提供するサービスを抜本的に改め、世界レベルに引き上げなければならないのは明らかでしょう。

もちろん、これが日本のホテルなのだから、日本に来る以上は納得してもらうというやり方もあるかもしれませんが、多くの外国人観光客たちから寄せられるであろう「ハードは素晴らしいが、サービスは悪い」という苦情を甘んじて受けなくてはいけません。

また、幅広い対応力こそを「質」と考えている富裕層たちをあきらめなくてはならないのです。

日本が本気で6000万人・15兆円という目標を達成したいのならば、この考え方のギャップを埋めていかなくてはなりません。事実、世界で「観光大国」という評価を受けている国はみな、そのような整備がなされているからです。

たとえばフランスのパリは、**お金のないバックパッカーや学生がやってきてもそれなりに楽しめるスポットやホテル**がたくさんあります。しかし、その一方で、**超富裕層が訪れても十分に楽しめるホテルやエンターテインメント**もきちんと整備されているのです。

さらに重要なのは、**その間の価格帯も階段のようにそろっている**ということです。

これこそ、私が申し上げている**「価格の多様性」**なのです。

IRこそ「価格の多様化」の最終兵器

このような**「上客」対応の観光戦略を進めていくうえで有効な手段のひとつが、「IR」（カジノを含む統合リゾート）**です。

なぜならIRは、足りない85軒の**「5つ星ホテル」をどうファイナンスして、建てたあとそれが成立するようにどう観光客を誘致するかという課題の解決策**になりうるからです。IRについては、この視点から真剣に考えるべきだと思います。

IRとは、高級ホテル、国際会議場、高級ブランドなどを扱うショッピングモール、シアター、コンサートホール、アミューズメントパーク、そしてカジノがすべてひとつにまとまった超巨大リゾート施設のことで、日本政府も観光戦略の一環として本格的に導入を検討しています。2016年12月の国会でIR推進法が通過したのも、まだ記憶に新しいことでしょう。

マカオやシンガポールの観光収入が際立って高いのは、この「IR」によって世界の「超富裕層」にしっかりとお金を落とさせているからです。

高価格帯のスイートルームに宿泊し、カジノで多くのお金を費やし、高級ブランドでショッピングを行い、高級レストランで食事をして、シアターでエンターテインメントを楽しむ。

このように高品質のサービスを次から次へと提供していくことで、「上客」にお金を使わせる機会をつくり、観光収入を上げていくことが「IR」には期待されているのです。

そう言うと、**「IR」のことを「カジノで遊びたい富裕層」だけを対象とした施設だと誤解してしまう方もいるかもしれませんが、そんなことはありません。**

たとえば、シンガポールにマリーナベイサンズというＩＲがあります。高さ１９４メートル、57階建ての高層ビルが３つ並んだこの施設には、屋上に大型船の形をイメージした空中庭園がつくられ、シンガポールを一望できるプールもあるため、カジノ目的の富裕層に限らず、さまざまな層の観光客が集まっています。

日本人も多く、若い女性から家族連れまでさまざまな方たちが訪れていますので、読者のなかにも遊びに行ったという方がいらっしゃるかもしれません。

レストランやショッピングエリアも高級なものから手軽に楽しめるものまで幅広くそろっており、館内には水路が流れていてゴンドラで移動することができるほか、美術館や庭園も完備されているなど、カジノ目的の富裕層に限らず、さまざまな観光客が楽しむ仕掛けがあるのです。

また、まったくお金を使いたくない観光客でも楽しむことができます。マリーナベイサンズはその特徴的な外観と目の前のマリーナベイを舞台にして、「WONDER FULL」というレーザーと水を用いたショーを行っています。

この東南アジア最大規模のレーザーショーは、マリーナベイサンズの周辺にいれば誰でも無料で見ることができます。そのため、周辺の公園に座って、あるいは近くの屋台街で食事をしながらこのショーを見る観光客も多くいて、２０１１年のスタートから約４２０万人もの人々が訪れています。

つまり、「IR」というのは、**まったくお金を落としたくない観光客から高品質なサービスを受けるためなら金に糸目をつけないという「上客」までさまざまな層が楽しむことができる、「価格の多様性」を実現した観光設備**だと言えるのです。

「カジノなしのIR」が非現実的なわけ

このような話をすると、「IR」の機能は非常に素晴らしいのでぜひやるべきだが、そこに「カジノ」があるとギャンブル依存症の増加や治安悪化が懸念されるので、**「カジノなしのIR」をつくるべきだと主張される方がいますが、それは不可能**です。

マリーナベイサンズのような**IRの豪華な施設の建設費、それを運営していくための費用は、実は全体敷地面積のわずか5%未満のカジノフロアの収益がたたきだしています。カジノは、いわば超巨大リゾートの「集金エンジン」**なのです。

もし日本でマリーナベイサンズのような超巨大リゾートをカジノなしでつくったら、最初は話題で日本人も外国人観光客も多く訪れて好調に収益を上げるかもしれません。

しかし、中長期的には運営維持費がかさんで、バブル期に日本全国にたくさんつくられ、現在は採算がとれずに不良債権化している「巨大ハコモノ」のようになってしまう恐れがあるのです。

だったら、**「カジノ」に頼らなくとも運営できる、適切な規模のＩＲをつくればいいと思うかもしれませんが、それでは「価格の多様性」をもつという観光戦略を推進できるような設備にはなりませんし、何よりも国際競争に勝つことができません。**


それを象徴するのが、ＭＩＣＥです。

ＭＩＣＥとは、Meeting（会議・研修・セミナー）、Incentive tour（報奨旅行・招待旅行）、Convention または Conference（大会・学会・国際会議）、Exhibition（展示会）の頭文字をとった造語で、主にビジネストラベル、つまり商用観光施設を意味します。

国際会議や展示会への参加といったビジネスユースが主になるため一度にたくさんの集客ができることにくわえ、一般の観光旅行に比べて消費額が多いということで、日本はこれまで積極的にＭＩＣＥを誘致してきました。しかし、現在はなかなか厳しい状況になっています。

国際会議協会（ＩＣＣＡ）によると、**2014年時点で日本の国際会議開催件数は世界第7位**で、アジア地域では第1位となっていますが、都市別に見ると、シンガポール、北京、ソウル、香港、台北が上位に並び、**東京はなんと第22位**というポジションに甘んじているのです。

国際団体連合（UIA）のデータでは、1990年ごろの日本は、国別の開催件数では第2位。当時アジアで開催される国際会議の半分近くが日本で開催されていたほどでした。

なぜここまで優位性が落ちてきたのか、それにはいくつかの理由があります。

まず、アジアの発展によって競争が激化している中で、日本の自治体の対応が遅れている面があります。

その他に、MICEに意外と重要なのが、**歴史的建造物、文化施設や公的空間で夜の食事会やレセプションを開催する「ユニークベニュー」**です。日本ではこれまで、文化財や公共施設などを貸し出すことには大きな反発があり、なかなか実現しませんでした。

もうひとつは先述したとおり、**ビジネスエリートが泊まるに値する5つ星ホテルが圧倒的に少ない**ことです。

さらに重要なのが「IR」です。**マカオやシンガポールなどアジアに続々と大規模なIRができたことで、日本の国際会議場が完全に色あせてしまっている**のです。

たとえば、アジア地域で国際会議開催件数第1位の座にあるシンガポールには、先ほども申し上げたマリーナベイサンズがあります。ここにはなんと1万1000人を収容できる会議場があるのです。

日本で最大規模といえば、5000人を収容できる「パシフィコ横浜」。展示場面積でいえば、9万5420㎡で収容人数10000人の「東京ビッグサイト」です。これは**2012年の世界ランキングでは第68位**（日本展示会協会）にすぎません。

つまり、日本のMICEを受け入れる設備は、マリーナベイサンズの10分の1以下、ないしは半分にも及ばないという現実があるのです。

これは「高級ホテル」と富裕層の関係と同じです。

「昭和の観光業」の発想では、東京で国際会議がたくさん開かれるようになったら、マリーナベイサンズに負けない国際会議場を整備しようということになりますが、これではいつまで待っても日本の国際会議件数は増えません。

アジア各国がカジノという集金エンジンを用いたIRで大規模な国際会議場を続々と整備しているという国際的な潮流のなかで、日本だけが「カジノなしのIR」で対抗しようというのは、**「高級ホテルをつくらずに超富裕層を誘致しよう」ということと同じくらい無理のある話**なのです。

IRが地方経済に与える「相乗効果」

ただ、私が「IR」に期待しているのは、超富裕層や国際会議件数などの「価格の多様性」だけが理由ではありません。

実は**「IR」は、日本の強みである「自然」や「文化」、「食」を発信していくこととの「相乗効果」が非常に高い**のです。

国立公園のくだりで詳しくお話ししましたが、**異国の「自然」や「文化」に魅せられる外国人観光客は、長期滞在やリピートをする傾向があり、そのため消費額も多くなりがち**です。そこで、**自然や文化財の近くに「上客」がお金を落とせるような高級ホテル、レストラン、アクティビティなどがひとつになった複合的な「リゾート」を整備することが重要**になってきます。

そこで外国人観光客に滞在してもらえば、お金を落とすのはそのリゾートだけではありません。そこを「拠点」として、**同一地域内の周遊観光というシャワー効果**が期待できるのです。

しかし、日本でこのような「複合リゾート」をつくるのは、現時点では限界があります。

MICEで書いたことと同様に、卵が先か鶏が先かという感じで、たくさん外国人が訪れるようになったら立派なリゾートを整備しようという発想があるので、なかなか整備が進みません。

そこで「ＩＲ」という解決策が浮かび上がります。

ＩＲは、集客の目玉商品と言いますか、その入り口です。とりあえずＩＲを使って来させて、来た人やその家族に、周りの観光資源を堪能してもらいます。ＩＲがなければ来ないかもしれない人にも来てもらって、そこまで興味がないかもしれない観光資源をついでにでも観光してもらうのです。

この戦略は、日本の観光立国化においてきわめて有効だと言えるでしょう。

カジノがあれば、**富裕層をはじめとした集客**が期待できます。さらに、カジノの収益によって、**長期滞在者やリピーターに満足感を与えるような豪華な設備**や、**高品質なサービスを提供できるリゾート**が実現できます。

このようにして、**ＩＲが地域の「自然」や「文化」の魅力を発信して、周遊観光への「拠点」となる**ことが期待されるのです。

そのような意味で、**「ＩＲ」は地方の観光戦略の切り札**として、政府が掲げる地方創生にも大きく貢献できるものだと言えるのです。

日本に向いているのは「リゾート型ＩＲ」

そう聞くと、日本の地方にマリーナベイサンズのようなものをつくるのか、と思うかもしれませんが、**「日本のＩＲ」はあのような豪華施設というよりも、いかにカジノと地域の自然や文化を組み合わせて、幅広い集客ができるのかがもっとも重要なポイント**になると考えています。

それはつまり、マリーナベイサンズのような大都市の観光の目玉になる「都市型ＩＲ」に対して、**「リゾート型ＩＲ」とも言うべきもの**です。

実際に世界には、そのようなスタイルのＩＲ、周遊観光の拠点としてのＩＲが存在します。たとえば、ドイツにはバーデン＝バーデンというヨーロッパで有名なリゾートがあります。

そこには、古代ローマのカラカラ帝も好んで入浴したという「カラカラ・テルメ」などさまざまな温泉があります。いたるところにクアハウス（ドイツ語で「療養の家」）という温泉保養施設が点在しているだけではなく、エステやフィットネスなどさまざまなウェルネスツーリズムができるようになっています。それらを目的とした長期滞在者やリピーターが多くいることで知られていますが、一方で「カジノ」も有名なのです。

２５０年以上の歴史があるバーデン＝バーデンのカジノは、かつて貴族たちが舞踏会を催した由緒ある屋敷のなかにあります。優美なインテリアで彩られたゲームフロアは、ドイツの女優マレーネ・ディートリッヒをもってして「世界でもっとも美しいカジノ」と賞賛せしめたほどです。日本でよく言われている、マフィアが暗躍するギャンブル施設というイメージとはかけ離れた大人の社交場として、観光客に親しまれています。

では、**このバーデン=バーデンの目玉はウェルネスとカジノだけなのかというと、決してそうではありません。**

この地では、ローマ浴場跡、古城、礼拝堂、ドイツ貴族の社交場だった庭園などの「文化」の観光もできますし、バーデン=バーデンに近接する広大なシュヴァルツヴァルト国立公園ではハイキングのほか、多様な動植物を観察するネイチャーツアー、さらにはサイクリング、アスレチック、スキーなどさまざまなアクティビティを楽しめます。

くわえて、バーデン=バーデン市の南西には広大なぶどう畑が広がっており、ここでワインの試飲やワインセラーの見学などの「農業観光」も楽しむことができるのです。

バーデン=バーデンは、「温泉」と「カジノ」がある観光地というだけではなく、**地域の「文化」や「自然」と組み合わされた「周遊観光の拠点」とも言うべき役割**を果たしているのです。

富裕層を集客するだけではなく、地域の観光整備の資金調達に「カジノ」の存在が大きく貢

献しているとは言うまでもありません。つまり、バーデン＝バーデンは街全体がひとつの「リゾート型ＩＲ」と呼ぶべき機能をもっているのです。

ＩＲは文化財や職人を守る

日本にバーデン＝バーデンをそのままつくれ、などと言うつもりは毛頭ありませんが、目指すべき方向性のひとつであることは間違いありません。

日本の強みが「自然」や「文化」にあることはこれまで何度も指摘したとおりですが、その魅力を最大限に引き出すための整備をする予算がありません。公的資金や民間の投資にも限界があるなかで、**「カジノ」は「自然観光」「文化観光」を整備するための「集金エンジン」の役割を果たします**。

特に、これまで著書や講演で主張させていただいていますが、日本の文化財は世界の文化財と比較して、**修理のための予算が圧倒的に少ない**という問題があります。本来であれば、外国人観光客を集客して、観光資源として多くの観光収入を生み出すはずの文化財が、日本の場合、最低限の修繕や保存しかできていません。

なにしろ、修理費用は国の予算に依存していますので、魅力が引き出されていない「宝の持ち腐れ」とも言うべき状態なのです。

このような問題に対しても、「ＩＲ」はひとつの解決策を提示することができます。**周辺観光の拠点として機能するだけではなく、カジノによる集客と収益を、これら文化財の整備にあてる**ことができるからです。

さらに私が期待するのは、**文化財を維持するために必要不可欠な職人技術の継承、さらには地域の伝統文化などの継承にも「ＩＲ」が貢献できる**かもしれないという可能性です。

ご存じのように、日本の職人は深刻な仕事不足に直面しています。

拙著『国宝消滅』でその構造的な問題をさまざまな角度から分析した結果、この状況を改善するには、**「品質の高いものを正当な価格で提供することで、回転率を上げる」**ことが必要だという結論にいたりました。市場価値に見合う適正な価格にすることで需要を増やし、職人たちの仕事そのものを増やしていけば、職人の所得も上がって、新規参入する人も増えていくというわけです。

しかし、このサイクルを回すためには、その商品を買ってくれる人が必要です。

この改善策を実現するために「IR」には大きな効果が期待できます。

日本の地方に「自然」や「文化」と組み合わせた「IR」を整備して、そこで地域の職人の技術、伝統文化などを発信すれば、「IR」を訪れた外国人観光客たちが興味を抱きます。「IR」を拠点として、地域の伝統文化や職人文化を体験してみたいという人も増えるわけですから、職人の仕事ぶりを見学、あるいは体験するような施設が整備できます。

さらに、土産物として特産品などを購入しようという観光客もあらわれますので、職人技術の需要も増していきます。

「IR」によって職人の働く機会が格段に増えていく。つまり、「回転率」を上げていくことができるのです。

IRへの不安論は的外れだ

しかし、現在、日本では「IR」に対して否定的な意見も多く聞かれます。**カジノということでギャンブル依存症や治安の悪化を懸念する声も挙がっています。**

この論調には2つの問題があると感じます。

ひとつは**海外の実態を知らない人が感情的に反応している**ことです。海外では140もの国にカジノがあって、かなり大きな業界となっていますので、幅広く分析されています。ほとんどの国では、カジノの課題についても、その科学的な根拠をもとに規制が設けられています。

また、ギャンブル依存症が懸念されると言いますが、**依存症の比率がもっとも高い施設というのは、街のどこにでもあって、掛け金が低く、誰でも簡単に入れるギャンブル**です。世界で主流となっているカジノは街のどこにでもあるようなものではありませんし、掛け金を高めに設定するなどの工夫で、依存症をコントロールすることもできます。

さらに**カジノの場合は、スタッフの研修を重ねることで早目に依存症の人を発見し、適切な治療を行うなどの対策もしっかりできます**。実は、カジノはもっとも依存症率が低いギャンブル施設だというデータもあるのです。

2つ目の問題は、日本のギャンブル依存症の多さに対する誤解です。カジノに反対している方たちの主張のなかで、日本にはパチンコ、競馬、競輪、宝くじなどのギャンブルがあふれていてギャンブル依存症が多く、そこでさらにカジノができると恐ろしいことになる、という理屈をよく見かけます。

感情的にはよくわかりますが、これは事実と異なります。

日本でギャンブル依存症が多いのは、国としての対策や規制がないからこそ社会的コストが

高いという問題によるものです。依存症率が高いのに対策が打たれていない既存のギャンブルを根拠にして、もっとも依存症率が低いカジノに反対するというのは、理屈になっていません。

つまり、「ＩＲ」に反対する、反対しないという話と、現在のギャンブル依存症が多いという話は同じ次元で語れるものではないのです。それよりも問題は、どのような依存症対策を打つかです。

私は**「ＩＲ」の整備を、他のギャンブルまで含めた法整備を行い、依存症対策を打ち出すチャンスにすべき**だと思います。

きちんと対策を打てば、世論とは逆に、**「ＩＲ」の導入にともなって日本のギャンブル依存症を減らすことが可能**だと思います。

アルコールにもタバコにも車にも大きな社会的コストがありますが、大切なのは規制と対策によってそのコストを最小限に抑えながら、どうやって最大限のメリットを獲得するかです。ＩＲでも、その本質は変わりません。

海外の「ＩＲ」を見るかぎり、徹底的な分析をもとに根拠のある対策を打って、多重債務者などの入場規制を行うことで、そのリスクはかなり最小化されています。

もちろん、「ＩＲ」をつくればすべてがバラ色になるわけではなく、**あくまで地域の「自然」や「文化」という観光資源の潜在能力を引き出すための手段のひとつ**にすぎません。

ただ一方で、**日本国民の共有財産である文化財をしっかりと保護しつつ、観光資源としても活用するための整備をする費用の捻出先**としても、**職人文化の活性化**ということでも、現時点ではかなり有効な施策のひとつであるということは間違いありません。

日本が「観光大国」を目指すうえでは、「価格の多様性」など整備していかなければいけないことが山ほどあります。

「これもダメ」「あれもダメ」と最初から可能性を否定することを考えるのではなく、**「目標を達成するためには、何をやらなくてはいけないのか」という視点をもって、本当に必要な整備をしていく**ことが重要なのではないでしょうか。

第6章
儲けの9割は「ホテル」で決まる

ポイント①
観光収入の9割は「5つ星ホテル」の数で決まる

ポイント②
タイに110軒ある「5つ星ホテル」が、日本にはたった28軒しかない

ポイント③
「5つ星ホテル」の定義をもっと知ろう

アトキンソンの提言　日本がやるべきこと

「高級ホテル」を増やそう。「世界標準のサービス」を取り入れることを忘れずに

第7章

観光は日本を支える「基幹産業」

あらゆる仕事を「観光業化」しよう

本書のしめくくりとして、観光整備を実現するための「司令塔」、つまり国家戦略について提言させていただきたいと思います。

世界経済に占める観光産業の貢献度は年々上昇してきており、直近では世界のGDPの10％台を突破しています。日本経済に占める割合も次第に上がっています。これは日本が世界の観光産業のリーディング・カントリーとなりつつあることの証左と言えましょう。

そのような大きな変化を迎えているのですから当然、霞が関にも大きな変化が求められます。たとえばこれまで観光推進は、観光庁と観光資源を管轄するさまざまな省庁がそれぞれ行っていましたが、そのような**縦割り行政で世界の観光産業のリーディング・カントリーになれるのかという問題**があるのです。

そこで最終章では、日本において観光を産業化していくために、司令塔である官僚組織がどうあるべきなのか考えていきたいと思います。

本題に入る前に、WEFのデータを確認しましょう。図表7-1は、政府がどこまで観光に力を入れて、かつ適切な戦略を実行しているかをランキングしたものです。

日本は第18位と、まずまずのランキングですが、これは**政策における観光の優先度が第16位と、前回に比べて大きく改善していることがもっとも貢献しています**。さらに、**観光に関するデータ**

提供についても高く評価されています。

一方、**マーケティング戦略の効果度と戦略の妥当性は、徐々に上がっているものの、トップクラスにまではいたっていません。**

ここが、本章のポイントです。観光客数を大きく伸ばしたい日本にとって、これらを改善する必要性は大きいと考えられます。

観光庁に求められること①：全体戦略

まず、この分野を管掌する観光庁には、いくつかの挑戦が求められています。

2020年に4000万人、2030年に6000万人の訪日外国人観光客というマクロ目標を実現するには、第2章で指摘したような**「国別誘致目標」というミクロの**

図表7-1　政府の観光への取り組み度ランキング

	ランク	点数	政府による旅行・観光に対する優先度	政府の旅行・観光関連への支出割合	観光誘致のためのマーケティング戦略の効果度	旅行・観光に関する年間データ	旅行・観光に関する月次・四半期のデータ	観光機関の戦略の妥当性
スペイン	5	5.9	12	23	11	2	6	13
フランス	27	5.1	36	76	19	15	28	18
ドイツ	52	4.6	80	103	56	53	17	2
日本	18	5.4	16	42	27	9	3	42
イギリス	38	5.0	47	75	12	14	53	79
アメリカ	20	5.3	50	33	16	18	53	19
オーストラリア	32	5.1	19	51	18	85	9	71
イタリア	75	4.5	74	61	104	22	48	75
タイ	34	5.0	14	80	20	41	9	68

出所：WEFデータより筆者作成

考え方を導入していく必要があります。

特に、ＪＮＴＯが担当する情報発信は、どの国に対して、どこまでの資源を投入していくのか、さらにその情報発信がどれだけ効果的に行われているかを測定するための、きわめて重要な評価基準になってきます。国別目標という目安がなければ、情報発信にかかる費用が十分なのか、まだ足りないのかを判断することもできません。

観光業者のみなさんと意見交換をすると、必ずと言っていいほど、**観光庁とＪＮＴＯの中期的な計画が見えない**という指摘が出ます。毎年、観光振興予算が消化されていますが、そこにビジョンや一貫した計画性のようなものが見えないと言うのです。

たとえば、今年はとりあえずドイツ語の発信を強化しようとなった場合に、それは予算がついたからやっているだけなのか、４０００万人という目標のうちドイツ人を何人誘致しようとしており、その3年計画の1年目が動き出したのか、そうであれば今年はどこまでやって、来年は何をするのかが見えないのです。

厳しいことを言わせていただくと、今まではおそらくそこまでの**計画がなかった**のでしょう。計画がなければ、それが業者に伝わるはずがありません。日本政府が４０００万人などというマクロの目標・計画を示しているものの、それをミクロに落としこんだプランがまだ十分ではないのです。

2020年までの「国別誘致目標」と、そこへ行き着くための詳細な計画がなくても、情報発信やネットの整備、観光資源の整備を進めることはできます。もしかしたら、なんとなくうまくいくかもしれません。

ただ、そのようにカンでものごとを進めていくよりも、目標と計画性をもって進めていったほうが失敗のリスクが減るのは言うまでもないでしょう。

さらに言えば、そのような目標と計画がないと、国、都道府県、市町村、さらに観光資源の所有者たちが互いにどこへ向かっていいのかがわからず、足並みがそろいません。

その最たるものが情報発信です。

今は国も自治体もそれぞれが好き勝手に情報を発信しています。それぞれが独自にやっているので、ターゲットもバラバラですし、情報の質にもバラつきがあります。それによって、受け取る側である外国人観光客たちは少なからず混乱しています。

都道府県の観光ホームページはデザインや多言語対応の質、情報の多様性はまちまちで、SNS対策や広告が不十分なことも多いです。それに加えて、広告やホームページへの集客策などはハードではないので、予算が取りにくいと聞きますが、今の世の中、ホームページをつくっただけでは効果は期待薄です。広告を戦略的に打たないと、ホームページは死んでしまいますが、この対策もバラバラです。

実際、日本はプロモーション予算におけるオンライン比率が非常に低いというデータもあります（図表7−2）。ここでも、タイの取り組みが目立ちます。

タイは、物価が低い途上国として唯一、観光収入でトップテン入りを果たしています。タイの世界第6位という実績を支えるひとつの柱として、観光収入単価の非常に高いアメリカ、オーストラリアに次ぐ比重のオンライン広告予算比率があるのは明らかです。日本の比率も上がっていますが、まだまだ改善の余地はあると思います。

その混乱に拍車をかけているのが、自治体主体の情報発

図表7−2　全観光プロモーション予算におけるオンライン比率（2015年）

	比率	世界1人あたり 支出ランキング	観光収入 （100万ドル）
日本	5%未満	46	24,983
ドイツ	25%	57	36,867
韓国	36%	50	15,285
タイ	45%	26	44,553
オーストラリア	50%	2	29,413
アメリカ	63%	6	204,523

出所：エムアールエム・ワールドワイド、UNWTOのデータより筆者作成

信です。

言うまでもありませんが、外国人観光客は「日本」を訪れて、それぞれの「観光資源」を目指して移動しています。そこには**日本人のように「福岡県に行きたい」とか「鹿児島県に行こう」などという視点は皆無**です。

日本のみなさんもインドのタージマハールを訪れる際に、そこが何州なのかはまったく意識しないでしょう。インドも、それが何州にあるのかを認識させようなどとはしていません。

イギリスのウィンザー城を観光する際に、そこの行政区の魅力を意識していく外国人観光客がほとんどいないように、日本にやってくる外国人観光客たちが、京都以外で「県」や「市」や「町」を意識することはありません。

しかし、自治体はどうしても自分たちの「県」や「市」をＰＲしようとします。名前も覚えてもらいたがります。

海外の観光イベントなどでも県の担当者が一生懸命、自分たちの県をＰＲしていますが、外国人観光客にそれを意識させるのはかなりハードルが高いチャレンジです。本当に力を割く価値があるのかを考えるべきです。

たとえば九州の各県がバラバラに海外でイベントを開くべきか、オール九州で力を合わせてやるべきか、私には、答えは明らかだと思います。

このような問題を解決するためにも、観光庁が現在の情報発信を調査し、今現在どこが何を発信しているのか、どんな情報が足りないかというバラつきを把握して、国が発信すべきことは何か、自治体や観光資源の所有者が発信すべきことは何かを整理して、それぞれの役割を明確にすべきでしょう。後ほど、この「コンテンツプール」の基準を示したいと思います。

この点も、データで確認することができます。

図表7-3は、ブルームコンサルティングという会社が出している「カントリーブランドランキング」です。2017年のレポートでは、日本の総合ランキングは世界第14位、観光においてはシングルAの評価でした。

この評価はかなりデータ化されたもので、観光収入、検索の件数、観光のキーワードを使った発信の妥当性などがもとになっています。

日本の観光における評価はシングルAなので、悪くはないですが、総合の第14位という点からすると物足りないと感じます。アジアの中で第5位ですし、ここでも世界第2位、アジアで断トツトップのタイの力が目立ちます。やはり日本は観光情報の発信が不十分で、世界の観光客が検索しているキーワードを使った発信が足りないということだと思います。

図表**7-3**　国別のカントリーブランドランキング

総合ランク	国名	観光分野
1	アメリカ	AA
2	タイ	A
3	スペイン	BBB
4	香港	AA
5	オーストラリア	A
6	フランス	A
7	中国	AA
8	ドイツ	AA
9	イギリス	BBB
10	イタリア	BBB
11	トルコ	BBB
12	マカオ	AA
13	シンガポール	AA
14	日本	A
15	カナダ	A
16	メキシコ	BBB
17	スイス	A
18	オーストリア	AA
19	ギリシア	A
20	ポルトガル	A
21	韓国	BBB
22	インド	BBB
23	マレーシア	BBB
24	オランダ	AAA
25	台湾	A

出所：ブルームコンサルティングの調査をもとに筆者作成

観光庁に求められること②：データ分析機能

もうひとつ観光庁に求められるのは、**データ分析機能**です。

観光庁のデータ分析のレベルは、数年前より向上していることは間違いありませんが、ここはさらに上げていく価値があるところです。**世界各国の観光産業の競争は、ほぼこのデータ分析にかかっている**と言っても過言ではありません。

今の世界の観光行政は、もはや頭のいい人がオフィスであるだこうだと議論をめぐらせるといった類のものではなくなりつつあり、**高度なデータ分析によって戦略を立てています**。

たとえば、私が先ほどから必要性を指摘している「国別誘致目標」に関しても、マクロ分析によってある程度の答えは見えてきますが、今はそういう分析をすること自体、時代遅れとなりつつあります。

では、どのような分析が必要なのか、ドイツ人観光客の誘致を例に見ていきましょう。

まず、**ドイツ人観光客の誘致目標をマクロデータから計算**します。それと同時に、**外国人向けに整備されている観光資源ひとつひとつに対して、ドイツ人アウトバウンドの潜在的な需要**

のデータを分析します。そうすることによって、観光資源ひとつひとつに対する、ドイツ人観光客の潜在マーケットが見えてきます。

また、そのなかから**訪日の可能性がある層に狙いを定めて、具体的にどの観光資源を売り込むのが妥当なのかを分析**します。この分析によって、ドイツ人アウトバウンドの潜在能力が計算できます。

この結果をもとに、スキー、京都、ハイキング、山登り、桜などの観光資源に、**それぞれどれだけのドイツ人観光客誘致が期待できるのかという目標を定めます**。こうすることで、国別目標をかなり正確に計算できます。

マクロの国別目標と実際のドイツ人観光客数のミクロデータを比較することで、現在の観光資源でマクロの国別目標が十分達成可能なのか、あるいはさらなる資源や整備が必要なのかを判断することができるのです。

このデータ分析をするにあたって、また面白い調査をご紹介しましょう。先ほどのブルームコンサルティングは、観光に関連してネットでよく検索されているキーワードを分析し、その中から観光客誘致にもっとも適切なキーワードリストを発表しています（図表7-4）。

私はかねてから観光には多様性が不可欠であるにもかかわらず、日本の観光戦略は文化・歴史

図表7-4　発信すべき「多様性」

Culture	
History（歴史）	Local gastronomy（食）
Local people（人）	Local traditions（伝統）

General	
Destination（目的地）	Holidays（休日）
Tourism（観光）	Tourism attractions（観光資源）

Specific Activities	
Adventure（アドベンチャー）	Animal watching（動物観賞）
Beaches（ビーチ）	Boating（ボート）
Business（ビジネス）	Couples（カップル）
Cruises（クルーズ）	Diving（ダイビング）
Entertainment parks（テーマパーク）	Family（家族）
Fishing（釣り）	Gambling（ギャンブル）
Gastro activities（ガストロ）	Golf（ゴルフ）
Hiking（ハイキング）	Historical sites（史跡）
Hunting（狩り）	Language courses（語学）
LGBT	Luxury tourism（ラグジュアリー観光）
Medical tourism（医療観光）	Museums（美術館・博物館）
Natural wonders（自然・景勝地）	Nightlife（ナイトライフ）
Performing arts（演劇など）	Religious sites & pilgrimage（宗教施設）
Senior（シニア）	Shopping（ショッピング）
Special events（イベント）	Surfing（サーフィン）
Sustainable and rural（エコ・故郷）	Traditional markets（伝統的な市場）
UNESCO（ユネスコ）	Water sports（ウォータースポーツ）
Wellbeing（ウェルネス）	Winter sports（ウィンタースポーツ）
Youth and backpackers（若い人、バックパッカー）	

出所：ブルームコンサルティング

観光に偏りすぎで、せっかくの多様性をフル活用できていないと主張してきました。このリストをご覧になると、世界が求めている多様性と今まで日本が発信してきた内容のギャップがわかります。世界が求める多様性の幅広さを痛感していただけるのではないでしょうか。

富士山や芸妓さん、お茶などだけではなく、**多様な観光資源を発信する必要がある**のです。ひとつに対して一定の観光客数がつきますので、**このリストに対応できる観光資源が多くなればなるほど、観光大国となっていきます**。

日本は、このリストに載っている言葉のほとんどに対応する観光資源があります。私はこれまでずっと、日本は観光大国になれると主張してきましたが、その新しい根拠を見つけたと感じました。

ＪＮＴＯをはじめ各都道府県などは、このリストに沿って自分たちの観光資源をリストアップし、それぞれの解説文や写真などのコンテンツを用意して、計画的に発信することがひとつのスタートになると思います。**日本全体を見わたすと、JRと自治体が組んで、自治体ごとの魅力を発信する「文化を中心としたディスティネーションキャンペーン」が多いですが、他に発信されているのはこのリストのごく一部**にすぎません。

このリストをベースに、観光庁が中心となって地方などの情報充実を計り、観光客のニーズに合わせた情報を充実させるべきでしょう。とくに、**文化観光と自然観光を組み合わせたコンテ**

ンツが求められていると思います。

その際、先述した「So what? テスト」を徹底して、発信する情報の効果を最大限に高める必要があります。


このような多面的な分析は、ネットの専門家や、情報発信のエキスパートたちなくしては実現できません。観光庁でもそれらの人々の存在意義が認識されつつありますが、まだ十分とは言い難いのが実態です。やはり、日本政府観光局などのなかに、ネットの専門部隊が必要だと思います。

コンテンツの用意に関して注意させていただくと、多言語対応のくだりで指摘したような、「業者任せ」の部分はきわめて問題です。翻訳は発注したけれど、そのチェックが不十分。外部に投げただけで成果物に対して責任感がないという「ぬるさ」を、いまだに感じます。

国が観光に本腰を入れていなかった時代は、そのようなお役所仕事でも通ったかもしれませんが、経済の10％を占める産業としてシビアに実績が求められている今の時代には通用しません。業者に投げるだけではなく、役所自身も専門家集団へと姿を変えていく必要があります。

観光にはさまざまな省庁が関与している

観光庁に対していろいろな提言をさせていただきましたので、次は他の省庁にも言及させていただきたいと思います。

日本の観光資源の情報発信などを管轄しているのは観光庁ですが、個々の観光資源の「整備」となると、それぞれを管轄する各省庁が担当になります。まずはそこを整理していきましょう。

日本の強みの第一に「自然」があるということはこれまでお話ししてきたとおりです。「自然」に関しては、私も「国立公園満喫プロジェクト有識者会議」のメンバーとしてさまざまな提言をさせていただいています。この会議は**環境省**の管轄で、国立公園を世界水準の「ナショナルパーク」としてブランド化することを目標に整備を進めており、観光資源としての「強み」を活かそうとしています。

「食」は**農林水産省**でしょうか。事業者間で外国人観光客の属性情報や行動履歴を共有しようという「おもてなしプラットフォーム」などの企画は**経済産業省**が行っています。他にも空港、交通機関は**国土交通省**の担当。観光資源の2本柱のひとつとしてきわめて大切な「文化」や「スポーツ」の管轄は**文部科学省**となっています。

私は文化とスポーツに関して、位置づけを考え直す時期が来ていると思います。結論から先に言ってしまうと、**文化とスポーツは観光資源として活用していくという意味でも、国民の間で受け継ぎ振興していくという意味でも、「産業化」が必要不可欠**だからです。

文部科学省に「産業化」は難しい

では、**文化とスポーツの「産業化」が、文部科学省の管轄下で成しうるかというと、それは大いに疑問である**と言わざるをえません。

そう聞くと、文科省の対応が不十分だと批判しているように聞こえるかもしれませんが、そうではありません。ご存じのように、**文科省は国民に対する教育や研究を後押しする役所ですので、そもそも「観光」という目線が求められていません。**

さらに言えば、都道府県レベルで「文化」を所管する文化財行政の機能は、教育委員会のなかにあります。その名が示すように、**文化財や伝統文化は修学旅行や授業などで用いる「学習テーマ」や研究者のための「研究材料」という位置づけ**なのです。

そのような考え方ですので、どうしても文化財や伝統文化が、教員や学芸員、専門家、生涯学習のためのものとなってしまいます。つまり、**「研究」や「学習」という概念があまりにも強**

いため、「文化」を観光整備して、観光客を招致して収益をあげていくという「産業」の発想が足りないのです。

これは良い悪いというものではなく、産業化というのは「研究」や「学習」と対極に位置するところでもありますので、ある意味で仕方がありません。

特に私が携わっている文化財の世界では、これまで収益化・産業化という考え方が足りませんでした。さらに言えば、関心がないというよりも、**収益化・産業化に対して否定的な考えが多く、「文化財で収益をあげるとは何事だ」と強固に反対されるのが常**だったのです。

私が小西美術工藝社の社長になったとき、文化財は聖地であり、国が無条件に補助するのがあたりまえ、自分で収益をあげるなどもってのほかだということをよく言われました。

ですので、本書のように文化財の解説を充実させて、地域の観光振興に活用すべきだと主張すると、猛烈な批判に晒されました。文化を「産業化」すると言うと、「あのイギリス人は保存の邪魔をしている。文化を破壊しようとしているにちがいない」などと言われました。

わざわざ言う必要もないでしょうが、私はそんなことを言った覚えは一度もありません。**産業化していく際にも、活用と保護のバランスを考えるのは当然**です。

これまで税金に依存した「オール保護」だったのを、「オール活用」にしましょうなどと極端なことを申し上げているわけではなく、この2つを両立させて、もっとバランスをとるべきではないかと提案させていただいているにすぎません。

ここ数年、観光立国に向けて文化庁の考え方が変わったにもかかわらず、**現場で学芸員などが何でも禁止にして、わかりやすい解説も否定するという一部の風土を改めて、観光資源化と保存の両立を、どこまで健全に実現できるかという体制が求められています。**

事実、私がある文化財で、もっとわかりやすい解説板を設置したらどうでしょうかと提案したときに、**「日本人は多くを語るべきではない」「わからないんだったら自分で勉強してくるべき」**という反論をいただきました。

しかし、それではいったい何のために博物館や美術館、文化財に学芸員という方たちがいるのか、わからなくなります。

このような考えが、文化財の拝観料や、博物館などの入館料に反映されています。

これまで幾度となく指摘させていただきましたが、日本の文化財の拝観料、博物館の入館料は諸外国と比較して圧倒的に安いという現実があります。これはユーザーに優しいというわけではなく、今申し上げたように**「一般人のためには何も語らない」「勉強してやってきなさい」という発想の下、付加価値をつける気がない**のです。これでは、高い対価をとることなどできないでしょう。

「公共のため」という志こそ、文化の破壊

もちろん、安さの理由には、「公共性」という意味もあります。学校や生涯教育の場なので、1人でも多く利用してもらうことが重要。だから1円でも安くしようということです。そのように**文化財や博物館、美術館の運営に「公共性」という考え方を持ち込むこと自体は、素晴らしい志**だと思います。しかし、外国人観光客は日本の納税者ではないので、「公共性」の理屈はあてはまりません。

この**「公共性」の考え方を支えてきたのが、日本の長年の人口激増だった**ということも忘れてはいけません。

日本は先進国のなかでも自国民の人口が他に類を見ないほど極端に増えました。その爆発的な人口増加を反映して、文化財や博物館など公共施設の収入が増加しましたので、その利用料金は安くてもまったく問題ありませんでした。

国も人口増加の恩恵を受けていましたので、税収も潤沢にありました。稼ぐ気ゼロの文化財を、補助金だけで養うことができたのです。

このような考え方が現在はもはや通用しないということは、ここで細かに説明しなくてもおわかりいただけるでしょう。

文化財が「研究」や「学習」の領域だけですと、現在のようにさまざまな国家予算が削減されているなかで、文化財はコストセンターになってしまっています。

今後、人口が減少して税収が減り、社会保障費が重い負担になっていけば、さらにその傾向は加速していくことが予想されます。「学習」や「研究」の領域である文化財は、国や自治体にとって税金を食いつぶす「お荷物」にされてしまう恐れがあるのです。

文化財には「自主努力」が求められる

この問題を解決するには、「産業化」という発想が必要不可欠だということを、これまで著書や講演で繰り返し提言させていただきました。

文化財を観光資源ととらえて、予備知識がない人でもそれなりに楽しめる説明や体験コーナー、異なる文化をもつ人でも理解できる多言語ガイドを整備する。さらにカフェやレストランなどお金を落としてもらう設備をつくって収益をあげていく。

このように文化を産業化することで地域経済に貢献すると同時に、**自分自身で管理維持費を捻出していくサイクルをつくりだしていく**。そうすることによって、国は補助金が出しやすくなります。なにしろ、**「努力している人を補助するお金」**があるのです。

文化財の保護や伝統文化の継承には、志だけではなく、お金という現実的なサポートが必要不可欠です。現状では日本はその多くを税金に依存していますが、国も自治体も税収が減っています。

そのため、文化財の修理や伝統文化の継承に対して十分な予算が回されておらず、衰退の一途をたどっているという問題があります。

そこで粘り強く、「予算を増やせ」と訴え続けることももちろん大事ですが、税金を必要とするものは文化財や伝統文化だけではありません。ない袖は振れないということであれば、文化財や伝統文化を守っていくためにも「自助努力」を考えていくべきなのではないでしょうか。

つまり、**文化財を単に税金を費やす「研究・学習の場」から、「自ら稼げる観光施設」に生まれ変わらせることで、自分たちで稼いだお金で、施設のメンテナンスや伝統文化の普及などを**

進めていくのです。

私自身、「小西美術工藝社」という文化財修理会社の経営者ですから、国宝や重要文化財をディズニーリゾートやＵＳＪのようなエンターテインメント施設にすべきだなどとは思いません。**日本の国宝や重要文化財は、日本人の財産であるとともに、人類全体が後世に残して引き継いでいくべき「遺産」**でもあります。それをしっかりと保存し、継承していくことが、私たちの務めだとも思っています。

ただ、これまで日本の文化財や伝統文化が、文科省によって「教育」の対象としてとらえられていたため、この時代にはそれが皮肉にも文化財や伝統文化の維持・普及を妨げているというのはまぎれもない事実です。

文化財や伝統文化を守るためには、「教育」と「産業」のバランスをうまくとることが大切だということは明らかです。そのためには「稼ぐ」という発想を、これまで以上に強く意識すべきだと申し上げているのです。

繰り返しになりますが、私は文部科学省を批判しているわけではありません。**時代が大きく変わっているなかで、文化行政も変わらざるをえない**ということを申し上げているのです。

観光推進のなかで、文化の「観光資源」という役割に期待がかかっているのは事実です。先ほどご説明したとおり、国・自治体などが連携して情報発信していけば、「教育」を管轄する文部科学省の考え方と合わない点が出てくるのは、当然といえば当然の話です。

さらに、**文部科学省から「文化」を切り離すということは、文化庁という組織の発展にもつながります**。

現在は文部科学省の外局というポジションである文化庁は今後、文化を観光資源として活用しつつ、その収益によって文化の保護や振興を行っていくという非常に難しい舵取りを求められます。そのような重要な使命を課せられた文化庁が、組織的な矛盾を抱えたまま発展していくのが難しいということは言うまでもないでしょう。

スポーツと文化は同じ問題を抱えている

このような問題は、実は文科省が「文化」とともに管理している「スポーツ」にもあてはまります。

アンダーアーマーの日本総代理店として知られる株式会社ドームの安田秀一代表取締役CEOとかねてから知り合いということもあり、安田氏から日本のスポーツ産業が抱える問題点をうかがってきました。そこで気づいたのは、**文化とスポーツが抱える問題が非常によく似ている**ということでした。

文部科学省の外局としてのスポーツ庁は、どうしても学校教育の延長上にあります。つまり、**スポーツを「体育の授業の発想」でとらえています**。

高校野球や高校サッカーが典型ですが、スポーツを通じてチームプレーやフェアプレーの精神を学ぶという「教育」の機能が自然と求められます。そのような「スポーツ教育」を否定するつもりはまったくありません。

しかし、「文化」と同様に「教育」の側面ばかりが強調されてきたことによって、**「スポーツで稼ぐ」という意識が広まらず、結果としてスポーツ産業の発展を妨げてしまっている**のです。

これは、文化とまったく同様の現象です。

文化は産業化していないのではなく、「産業化すべきではない」という考え方が強いことは先ほど指摘しましたが、それと同様にスポーツにも**「産業化してはいけない」という考え方があります**。

それは「実績」を見れば明らかです。

現在、**日本のスポーツ産業は約４兆円**と言われています。そう聞いても、これが多いのか少ないのかわからないと思いますが、**アメリカのスポーツ産業は60兆円規模**だということをふまえると、日本の実績が潜在能力に見合わない低い数字であることは明白でしょう。

ＧＤＰを比較すると、アメリカは日本の３・８倍、人口で言えば２・６倍です。単純に考えて、**日本のスポーツ産業も16兆円から23兆円規模になってもおかしくない**はずなのですが、現実はアメリカの15分の１にあたる４兆円しかありません。

つまり、**日本のスポーツ産業は、本来もっている潜在能力の4分の1以下しか引き出されていない**のです。この現象は、２０１６年の日本の１人あたり生産性が世界第30位まで下がって、実質的に先進国最下位になっている理由のひとつでもあります。

「産業化」という意識が生んだアメリカの実績

「アメリカと日本ではスポーツに対する国民の関心が違う」などというご指摘があるかもしれませんが、私はこの問題はそのような国民性の違いではなく、「産業化」に対する考え方の違いだと思っています。

実は**アメリカのスポーツ産業も、ほんの20年前は60兆円などという規模ではなく、18兆円程**

度でした。それが2010年までに一気に約3倍の50兆円に膨れ上がったのです。この短期間で、アメリカ人のスポーツに対する意識がガラリと変わるなどということはありえません。

では、**何が起きたのかというと、スポーツの「産業化」に成功したのです**。

アメリカでメジャーリーグなどを観戦した方ならばわかると思いますが、スタジアムはさながら**「巨大飲食店街」**というほど、さまざまな食事が販売されています。また、ただ試合が行われるだけではなく、**歌や音楽演奏といったエンターテインメント**もしっかり提供されています。

つまり、**観客には野球以外にもさまざまな楽しみがある**のです。

もちろん、このような傾向は昔からありました。私もニューヨークで働いていた当時、お客さんや同僚に誘われて何度かスタジアムに行きましたが、もともとそれほど野球に興味がないということもあって、試合はほとんど見ませんでした。商談をしたり、食事をしたり、音楽を聴いたりと、「にぎやかで楽しいスポットを観光した」という印象です。

このようにスポーツを「観光」や「エンターテインメント」の場として整備していくことは20年以上前から着々と進められていましたが、それが2010年ごろから一気に加速しました。つまり、**スポーツを巨大産業化することに成功したのが2010年ごろ**だということなのです。

アメリカのスポーツ産業が大きく成長していく一方で、日本はどうなっていたのかというと、**実はこの20年で規模的には縮小している**のです。1995年の日本のスポーツ産業は約6兆円。GDPも人口もそれほど変わっていないのに、4兆円にまで減っているのです。

サッカーのワールドカップ予選になると町中で大盛り上がりしていますし、最近はワールドベースボールクラシックなども大きな話題になっています。にもかかわらず、市場が衰退している。これは国民性云々などではなく、「産業化」がうまくできていないとしか考えられません。

たしかに、日本の野球場やサッカー場に「観光」「エンターテインメント」という要素はあまり感じられません。さまざまなイベントも催されていますが、基本的には「試合」がメインで、観客は喉を枯らして応援して、試合を真剣に見つめています。チケットを買うのも大変ですし、食事も軽食程度しかなく、ジュースを買うのに列に並んだりしなくてはいけません。

そこに訪れた客は「スポーツ観戦」以外には楽しみがないのです。これはもはや**「マニアの世界」**と言ってさしつかえありません。

スポーツ観戦に来ているのだからそれで十分だろ、と怒りの声が飛んできそうですが、これからの日本が抱える課題を考えると、これではスポーツ自体が衰退していく恐れがあります。

スポーツに「観光」や「エンターテインメント」の要素がないと、そこにはスポーツをこよなく愛する「ファン」しかやってきません。

人口が右肩上がりの時代であればたしかにそれで十分かもしれませんが、これからの日本は人口が減少していきますので、それにともなってファンの絶対数も減っていきます。観客が減れば入場料収入も減っていきますので、会場の設備、選手の育成はおろか、選手へ支払う年俸も減っていきます。

そうなると、スター選手はどんどん海外へ流れます。選手の育成による全体的なレベルの底上げが行われなければ、魅力的なパフォーマンスを魅せることもできなくなりますので、新規のファンも獲得できません。ファンの数は増えず、さらにそのスポーツが衰退していくという悪循環に陥っていくのです。

事実、プロ野球やJリーグの観客動員が思うように伸びず、経営が苦しくなっているチームも少なくありません。

「一般人でも楽しめる」という視点

先ほども申し上げたように、スポーツも文化も根底には「教育」があります。

野球やサッカーというプロスポーツでも、とにかく「選手がいいプレーをする」ことに重きが置かれ、選手は子供たちの「夢」や「憧れ」の対象であり、その言動も子供たちの規範となることが求められています。

文化財も同様で、とにかく「教育や研究に活用できる」ことに重きを置いているので、解説は建物のスペックや建築様式など、研究者やマニアに有用な情報ばかりが発信されています。

両者に共通しているのは、「一般の人が楽しめる」という視点の欠如です。

決して、スポーツや文化を冒涜しているわけではありません。「スポーツの試合」も「文化財」も、**熱心なファン以外の人たちであっても丸1日楽しめるような総合的なイベントとしてとらえてみることが大切**だと申し上げているのです。

実際にアメリカでは、**それまで「スポーツ」でしかなかったイベントに、「エンターテインメント」や「観光」という「一般の人が楽しめる」要素を加える整備をしたことによって、60兆円という、自動車産業を上回る規模に成長させた**のです。

ラスベガスもいい例のひとつです。カジノだけではなく、芝居、コンサート、そしてさまざまなレストランがあります。私はギャンブルはやりませんが、エンターテインメントを鑑賞するためにラスベガスを訪れた経験があります。

潜在能力を活かさないのは「贅沢」だ

このような話をすると決まって、**「そんな風に、試合や文化に興味のない客を無理に呼んだら、本当にそのスポーツや文化を愛している人にとっては迷惑なだけだ」**という方がいます。

これは外国人観光客に対しても同様で、**「日本のことをよく理解していない外国人が多く押しかけても、観光地が混雑して迷惑なだけだ」**とよく反論されます。

この発言は、あまりにも贅沢すぎます。自分たちが独占できなくなることに対する不満でしょうが、その独占の金銭的な責任を果たすつもりがないなら、産業化していくしかないでしょう。

日本のスポーツを「一般の人が楽しめる」ように整備して、現在の4兆円から23兆円の産業へと成長させれば、熱烈なスポーツファンにとってもさまざまな恩恵があります。

業界が繁栄すれば選手のレベルも上がりますし、設備も増強できます。チケットも現在では「紙」の印刷物ですが、アメリカのようにチケットレスで、携帯やスマホで簡単に予約できるようになれば、ユーザーメリットにもなります。

そして、さらに言えば、スポーツの産業化はスポーツ業界全体の底上げにもつながります。

「文化」が日本の強みだということは前にも述べましたが、それと同様に実は**日本の「スポーツ」も大きな潜在能力を秘めています。**

その代表が**「多様性」**です。世界を見渡しても、**日本ほどスポーツの多様性に富んでいる国は、そうはありません。**

相撲や柔道といった日本古来の競技も人気を保ち続けている一方で、世界中のほとんどのスポーツが入ってきています。野球もやれば、サッカーもやる。あまり聞いたことのないマイナーなスポーツも、それなりに競技人口がいます。ここまで**多種多様なスポーツが楽しめる先進国はあまりありません。**

では、多様性に富んでいるからといって、それがすなわち「スポーツ大国」なのかというと、必ずしもそうとは言えません。これだけさまざまなスポーツが楽しめる国であるにもかかわらず、**日本でスポーツの観賞を楽しみにしているという外国人観光客の話はあまり聞きません。**

文化財同様に、これまではそれでも困りませんでしたが、日本のスポーツ観賞人口が減っていくことを考えると、これは喜ばしいことではありません。

「マニア」だけではスポーツの発展は望めません。「マニア」以外のより広い日本人にアピールすることはもちろん、外国人観光客へのアピールも必要になることは間違いないのです。

ちなみに、外国人にとって、日本のスポーツチケットを入手するのは簡単なことではありません。本来であれば、そのようなサポートを「5つ星ホテル」のコンシェルジェが担うわけですが、そもそも日本は「5つ星ホテル」が多くありません。そこも外国人観光客のスポーツ観賞のハードルを上げているのです。

オリンピックにも悪影響？

世界でも指折りの多様性をもちながらも、一部の日本の「マニア」しか楽しめない。このような日本のスポーツの問題をよくあらわしているのが、オリンピックのメダルランキングです。

前回のリオオリンピックまでで集計しますと、夏大会は439個のメダルを獲得し、世界第11位です。

このランキングを見れば、たしかに日本のアスリートたちは世界的にもかなり高いレベルにあると言えるでしょう。しかし、だからといって「日本はスポーツ大国」とは言えません。

それは、夏のオリンピックのメダル獲得数を日本の総人口で割って、「1人あたりメダル獲得数」を出せばよくわかります。これをベースにして他国と国際比較してみると、**世界ランキングは第50位**。つまり、世界ランキングで第11位というのは、日本全体のスポーツのレベルを反映したものではなく、**そもそも日本の人口が多いことに加え、「個」のアスリートたちの優秀さに基づくものである可能性が高い**のです。

世界のなかで活躍している日本人アスリートは多く存在し、優秀であることに疑いの余地はありません。しかし、それはあくまで一個人の話で、日本のスポーツ全体のレベルとは関係ありません。

日本は「個」の実績と「全体」の実績を混同することが多いですが、アスリート個人の優秀さをもってして「日本はスポーツ大国」だというのは、かなり無理のある話なのです。

このような「宝の持ち腐れ」状態も、スポーツの産業化で解決できると私は思います。「一般の人たちも楽しめる」産業になれば、**観戦人口が増えるだけではなく、競技人口も増えていきます。産業として収益が上がるわけですから、選手の育成や強化**にもお金が使えます。

世界で戦うような一流アスリートやオリンピックの代表選手などを見れば明らかですが、ほとんどの人が幼いころからその競技を始めています。アイススケートなどが典型的ですが、練習場所や用具、衣装代などにはかなり高額な費用がかかり、そのほとんどは自己負担です。国や自治体のサポートはありません。つまり、**一流アスリートになるには才能や努力はもちろん、幼いころからそれをサポートできる経済的な環境も必要**なのです。

現状ではこのような費用は選手個人とその家族に任されています。オリンピックの「1人あたりメダル獲得数」に象徴されるように、「個」の頑張りに依存しているのです。

ここで、もし日本のスポーツ産業が4兆円から23兆円規模に成長すれば、**このようなサポートをそれぞれの競技団体や企業の資金、あるいは税金でまかなう**ことができます。

スポーツの産業化は、これまで「個」に依存していたアスリート育成の負担を軽減し、日本のスポーツ界全体の底上げにつながっていくのです。

文化・スポーツ・観光省の設立を

この問題を解決するためには具体的に何が必要でしょうか。

私は、**文科省から「スポーツ」と「文化」を切り離すべき**だと考えています。

では、文科省の代わりにどこが管理すべきかというと、**「文化・スポーツ・観光庁」**です。観光産業が経済の10％以上を占める規模になっている現状を考えると、**「文化・スポーツ・観光省」**のほうが適切かもしれません。諸外国のように観光の専門大臣を設けて、国策の実行を担当させることが理想でしょう。

文化もスポーツも、発展させていくうえでは「観光」という要素を加えることがもっとも合理的です。日本はこれから人口が減少していくので、スポーツも文化も、自国民のニーズと熱烈なファンだけでは維持が難しいからです。外国人観光客のために整備することが急務です。

自国民だけで維持が困難となっているわかりやすい例が、スキーです。

日本にはこれまで、ヨーロッパのような長期滞在型のスキーリゾートがありませんでした。これは日本人のなかで、スキーも海水浴など他のレジャーと同様に、1泊2日という短期旅行が基準になっていたからです。

しかし、ヨーロッパは違います。斜面を滑降するいわゆるアルペンスキーは、スイスを訪れたイギリス人のために生まれたスポーツと言われています。スイス人のためのスポーツではなく、外国人観光客のために生まれたので整備が行われ、それを楽しむための長期滞在のリゾートホテルがつくられ、そこにバーや劇場といったエンターテインメント施設も用意されました。

そのような外国人観光客のための整備がまわりまわって、スイスの経済的な発展だけではなく、スキーというスポーツの振興につながっていることは言うまでもありません。

ニセコが徐々にヨーロッパのスキーリゾートのように変わってきていることからもわかるよう

に、日本のスキーが産業としてさらに成長していくには、このような長期滞在型のスキーリゾートというニーズに応えていくことが必要不可欠です。まだ5つ星ホテルの開発には及んでいませんが、ニセコの発展のなかで、高級ホテルの開発が非常に大きな役割を果たしています。

「日本人のためのスキー」だけでは、経営難でスキー場自体が減ってしまいます。長い目で見れば、日本のスキーの愛好家にとっても、外国人の視点を受け入れることが重要なのです。

観光を「扇の要」にして、さまざまな分野を「産業化」せよ

私が『新・観光立国論』を上梓した2015年6月からこれまで、さまざまなところで、『観光』には『多様性』が非常に重要であり、本質でもある」とお話しさせていただいてきました。**その多様性を担保するのが、本書でこれまで指摘してきた「自然」や「文化」です。そして、日本は「スポーツ」においても世界で類を見ないほど多様性に富んでいる**のは、先ほど申し上げたとおりです。

これらの「強み」を戦略的に活かすには、**すべてを組み合わせて相乗効果を生み出すための「扇の要」が必要です。それこそが「観光」**だと私は考えています。

世界的に見て、観光が右肩上がりで成長している産業であることからもわかるように、**これか**

らの日本で観光が成長エンジンになることは間違いありません。

大きな潜在能力がありながらも産業化できていなかった分野も、「観光」という「扇の要」に組み合わせれば、大きな成長が期待できます。潜在能力が引き出されていなかった分野というのは、「伸び代」も大きいということですから、**その成長の勢いはすさまじいもの**となります。

つまり、「自然」「文化」、そして「スポーツ」という産業化できていなかった分野を「観光」という「扇の要」で結びつけることで、大きな成長を遂げることができ、それによって日本は世界でも稀に見る多様性に富んだ「観光大国」になることができるということなのです。

日本の潜在能力をもってすれば、それを実現するのは決して難しいことではありません。

「やる」という覚悟を決めるか決めないか、それだけなのです。

第7章
観光は日本を支える「基幹産業」

ポイント①
観光立国には文化・スポーツ・観光省が不可欠

ポイント②
文部科学省は「お金を稼ぐ」ための組織ではない

ポイント③
文化もスポーツも、「観光」を取り入れないと衰退する

アトキンソンの提言　日本がやるべきこと

オールジャパンでさまざまなものを「観光業化」し、外国人を迎え入れよう

おわりに

私が日本へ初めてやってきたのは32年前のことでした。

最近、当時の日記を見つけたので読み返してみました。

当時は訪日する外国人などほとんどおらず、観光整備もほとんどなされていなくて、ガイドと一緒に回らないと右も左もわからない。外国人向けの観光産業というものがまったく成立していない国だという印象を受けた、という記述がありました。

1990年以降、日本経済は成長しなくなりました。構造改革の必要が叫ばれるようになっても、総理大臣が頻繁に変わって政策には継続性と一貫性がなく、発展性のない議論だけが交わされる時代が長く続きました。

それがこの数年、安定した安倍政権の誕生によってようやく経済の成長戦略が見え始めてきています。

時を同じくして、アナリスト時代から近年の拙著まで、これまで何度も繰り返し指摘させていただいてきた高度成長時代にできた神話、「日本的経営、日本型資本主義は海外と違う。比較できるものではない、比較してはいけないのだ」「日本は単純な経済成長よりも全体の利益を考える公益資本主義だ」などという妄想のような考え方から、現実に向き合いつつある印象を受けます。

そこにはやはり、**先進国のなかで唯一と言っていいほど経済が停滞している**ことも関係しているのでしょう。

豊かな国だと思っていたのに、子どもたちの6人に1人が「貧困」状態にある。医療・介護・年金というシステムが破綻しかけている。そんな状況にもかかわらず、国は借金でがんじがらめでどうすることもできない。そんな厳しい現実が、多くの人々の目を覚ましているのだと思います。

「これからの観光立国は「世界のトップ5」に挑戦するフェーズ」

この暗い現実から脱却するための成長戦略の大きな柱に、観光があることは間違いありません。

人口が減少して地方が徐々に疲弊していくなかで、観光資源を活用して地方の経済を活性化させないことには、一部の方たちが指摘しているように多くの地方自治体は消滅していきます。地方経済に活力を与えるのが観光産業であるというのは、世界的に見ても揺るぎない事実なのです。

地方に限らず、日本は「観光」でまだまだ大きく成長できるという明るい兆しがあります。この3年あまり、観光産業の発展に関わらせていただいていると、その変化のスピードの速さに日々驚いています。1000万人程度のインバウンドがわずか数年で2倍以上の2400万人に膨れ上がり、その勢いはとどまることを知りません。数年前ならば絵空事だと鼻で笑われたであろう「訪日観光客4000万人」という2020年の目標も、現実味を帯びてきています。

この成長のスピードをふまえると、私は今から2025年くらいまでの間に、日本の観光産業は新たな成長フェーズに入ると分析しています。それを端的に言うと、**「世界トップ5の観光大国に挑戦するためのフェーズ」**です。

日本はこれまで観光産業を本気で整備してきませんでした。整備を始めたことで一気に潜在能力が溢れ出し、観光産業の基礎が育まれているというのが今の状況です。たとえるなら、急成長しているベンチャー企業なのです。

この急成長企業が世界市場のなかで勝ち抜き、大企業になっていくためには、**ベンチャー企業時代とはまったく異なる、さらに高いレベルの成長戦略を描かなくてはいけない**ということは、説明の必要がないでしょう。

では、日本は世界の競争に勝ち抜き、世界トップ5に名を連ねる観光大国になれるのでしょうか。

World Economic Forumのデータに示されているような課題に取り組み、本書で指摘させていただいたさまざまな整備を行えば、私は「なれる」と確信しています。

「礼賛」も「悲観」も一面の真実でしかない

日本経済をめぐる論評を客観的に見ていると、「礼賛する人」と「悲観する人」がきれいに分かれています。このような論評を見ていつも感じるのは、双方のおっしゃっていることが正しく、双方のおっしゃっていることが正しくないということです。

「礼賛する人」は日本の潜在能力を見て、「日本経済は素晴らしい」という結論にいたっています。

「悲観する人」は、たとえば生産性が先進国最下位などという日本経済の低い1人あたり実績を見たり、人口減少を危惧したりして、「日本経済の先行きは暗い」と判断しています。

要は、どこに着目するかで結論が大きく変わるのです。

現実だけを見れば、たしかに暗い。潜在能力だけを見れば、たしかに素晴らしい。両者はそれだけを見れば正しいのです。

それに、もともと異なるものを見ている両者がいくら激論を交わしても、決して相容れることができないのは当然でしょう。礼賛する人は右翼と言われ、悲観する人は反日と言われる。まったく生産的ではありません。

双方が正しくないというのは、どちらも「客観的な分析」という点で大きな問題をはらんでいるからです。

「礼賛する人」は潜在能力だけしか見ていません。実績のない潜在能力をいくら褒め称えても、それは厳しい言い方ですが、ただの「自慢話」でしかないのです。

一方、**「悲観する人」は今の実績だけしか見ていません**。日本経済が未来永劫変わることがない、この実績が続いていくという仮定のもとでは、その悲観は現実のものになるでしょう。

しかしその悲観は、潜在能力が発揮されれば実績を大きく変えられることを軽視しています。この3年あまりの観光産業の「激変」を見れば、この見方はかなり疑わしいものとなります。

日本は変化が始まれば猛スピードで変わる国だ

「礼賛する人」も「悲観する人」も、日本の観光産業がここまで伸びると予想していたでしょうか。日本がもつ「観光」の潜在能力を主張していた私でさえ、ここまでのスピードで物事が動いていくことに驚いています。

アナリストをしていた時代から、**日本はなかなか改革が進まない、構造的な問題を放置し続けるという問題があるものの、ひとたび手をつけるとものすごいスピードで社会が変わっていく**と実感していましたが、今回もまさしくその「強み」が出てきていると感じています。

とはいえ、本書でもたびたび指摘してきたように、これでもまだ日本がもつ潜在能力の3分の1も引き出されていない状態なのです。

「おもてなし」や、新幹線が時間通りに運行されていることなど、**いくら声高に叫んでも観光客はやってこない「礼賛」**はもうやめましょう。

まずは**現実的なビジネスの視点から観光資源を整備して、科学的な根拠・分析に基づいて適切に発信して、外国人に来てもらって、なおかつきちんと稼ぐ形に改める。**そうして初めて、潜在能力が実績に変わり、人々が幸せになるのです。

最終的に潜在能力と実績のギャップを埋めることができるのは、「やるか、やらないか」という決断でしかありません。

日本政府、自治体、そして観光に携わるすべての人々が決断を下せば、日本はさらなる高度な成長戦略を実現に移して「世界の観光大国」の道に進むことができるのです。

28年過ごしたこの国で、「礼賛する人」と「悲観する人」が同じ評価をできる日が訪れるのを、鶴首して待っております。

2017年6月

デービッド・アトキンソン

【著者紹介】

デービッド・アトキンソン

小西美術工藝社代表取締役社長。三田証券社外取締役。元ゴールドマン・サックス金融調査室長。裏千家茶名「宗真」拝受。1965年イギリス生まれ。オックスフォード大学「日本学」専攻。1992年にゴールドマン・サックス入社。日本の不良債権の実態を暴くレポートを発表し、注目を集める。2006年にpartner（共同出資者）となるが、マネーゲームを達観するに至り2007年に退社。2009年、創立300年余りの国宝・重要文化財の補修を手掛ける小西美術工藝社に入社、2011年に同社会長兼社長に就任。日本の伝統文化を守りつつ、旧習の縮図である伝統文化財をめぐる行政や業界への提言を続ける。2015年から対外経済政策研究会委員、京都国際観光大使、明日の日本を支える観光ビジョン構想会議委員、2017年から日本政府観光局特別顧問などを務める。2016年には財界「経営者賞」受賞。『デービッド・アトキンソン 新・観光立国論』（山本七平賞、不動産協会賞受賞）『国宝消滅』『デービッド・アトキンソン 新・所得倍増論』（いずれも東洋経済新報社）、『イギリス人アナリスト 日本の国宝を守る』（講談社＋α新書）等著書多数。

新・観光立国論【実践編】

世界一訪れたい日本のつくりかた

2017年7月20日発行

著　者——デービッド・アトキンソン
発行者——山縣裕一郎
発行所——東洋経済新報社
〒103-8345　東京都中央区日本橋本石町1-2-1
電話＝東洋経済コールセンター　03(5605)7021
http://toyokeizai.net/

ＤＴＰ…………アイランドコレクション
編集協力………窪田順生
章末まとめ写真…尾形文繁
印　刷…………ベクトル印刷
製　本…………ナショナル製本
編集担当………桑原哲也

　ISBN 978-4-492-50290-7